Otto Mejer

Eine Erinnerung an Berthold Georg Niebuhr

Vortrag

Otto Mejer

Eine Erinnerung an Berthold Georg Niebuhr
Vortrag

ISBN/EAN: 9783744605694

Hergestellt in Europa, USA, Kanada, Australien, Japan

Cover: Foto ©ninafisch / pixelio.de

Weitere Bücher finden Sie auf **www.hansebooks.com**

Eine Erinnerung

an

Barthold Georg Niebuhr.

Von

Dr. Otto Mejer.

Rostock,
Stiller'sche Hofbuchhandlung.
(Hermann Schmidt.)
1867.

Vortrag,

gehalten im Evangelischen Vereine zu Berlin

am 5. Februar 1866.

Als Schleiermacher von Halle nach Berlin gekommen war, schreibt er — Julius 1812 — an einen Freund: „Der hiesige wissenschaftliche Kreis hat bedeutenden Zuwachs erhalten durch die Universität, aber den bedeutendsten durch einen Mann, der der Universität nicht angehört, sondern ursprünglich für Staatsgeschäfte berufen war — Niebuhr... Ich habe nie eine so bewundernswürdige Gelehrsamkeit gesehen und ein so vielseitiges und tiefes kritisches Talent, und selten ein so schönes Gemüth. Ich würde auch hinzufügen einen so großen Charakter, wenn er nicht unter den Einwirkungen eines schwächlichen Körpers stände."[1]

Dem Manne, welchen Schleiermacher in solchen Worten schildert, gilt diese Erinnerung.

Wir Deutsche üben die Pflicht, großer Männer
unseres Volkes zu gedenken; heutzutage gern und
mit Eifer: Niebuhr ist einer der Besten, die wir
gehabt haben.

Zuerst ist es Gelehrsamkeit, die bei diesem Namen dem Kundigen einfällt. Solange
man römische Geschichte treiben, ja solange man
überhaupt Geschichte studieren wird, wird Niebuhr
unvergessen bleiben. Einerlei, wie Vieles richtig
oder unrichtig war von den Einzelergebnissen
seiner Forschung: was man heute besser weiß
als er, weiß man besser, weil man den Weg
weitergegangen ist, auf welchem seine Arbeit die
Bahn brach. Indeß nicht von seiner Gelehrsamkeit soll hier die Rede sein; obwohl sie werth
ist, auch in anderen als den wissenschaftlich-
zünftigen Kreisen besprochen zu werden.

Ebensowenig soll gehandelt werden von Niebuhrs staatsmännischer Wirksamkeit als solcher.
Man hat sie oft getadelt, und sie mag ihre
Schwächen wirklich gehabt haben: aber sie hatte
auch ihre sehr großen Verdienste, und die Zeit

wird kommen, sie gegen widerfahrene Verken=
nung zu rechtfertigen. Das Hauptwerk seiner
diplomatischen Laufbahn, seine Verhandlung über
ein preußisches Abkommen mit Rom, hat Niebuhr
zu voller Zufriedenheit seines Hofes, und man
kann sagen glänzend vollendet. Eben die, welche
ihn anfangs getadelt hatten, haben ihn später
nachgeahmt.

Es ist eine persönlichere Erinnerung, wel=
cher diese Blätter gewidmet sind, eine Erinnerung,
die nicht einmal mit der ganzen Persönlichkeit
Niebuhrs sich beschäftigen, sondern nur eine Ein=
zelseite seines Wesens wieder vorzuführen ver=
suchen soll; wenn auch die innerlich wichtigste
Seite: sein Verhalten zu Religion und Christen=
thum. Niebuhr hat in dieser Beziehung anders,
als die Mehrzahl der Gelehrten und Staats=
männer, ja der Gebildeten seiner Zeit gestanden,
und die Seite seiner reichen Lebensentwickelung
zur Betrachtung auszuheben, ist schon als Zeit=
bild der Mühe werth. Es kommt hinzu, daß
es einen Staatsmann, einen Gelehrten, einen

Alterthumskundigen, daß es einen Mann gilt, der in seinen historischen Arbeiten sich vorzugs= weise als Kritiker gezeigt hat. Wenn in einer Zeit, die sonst bemüht war, die Thatsachen des Christenthums durch Kritik zu beseitigen, gerade ein solcher hervorragender Kritiker in der Ge= schichte sich vor denselben ehrfurchtsvoll beugte, so ist das eine an und für sich unsere Aufmerk= samkeit anziehende Erscheinung, und es bedürfte nicht noch, daß Niebuhr zugleich berufen gewesen ist, seine Gesinnung auch äußerlich in einer Weise zur Geltung zu bringen, die zwar zunächst die katholische Kirche anging, aber auf die Stellung der evangelischen ihre Rückwirkung ebenfalls ge= übt hat. Je seltener man an diesen für die Ent= wicklung unserer kirchlichen Verhältnisse keines= wegs unwichtigen Theil von Niebuhrs Thätigkeit gegenwärtig sich erinnert, um so mehr ist er werth, ins Andenken zurückgerufen zu werden.

Niebuhr ist der Sohn eines ausgezeichneten Vaters, des arabischen Reisenden Carsten Niebuhr, der, nachdem er aus dem Oriente zurückgekehrt anfangs als dänischer Officier gedient hatte, seit 1778 Beamter in der kleinen Stadt Meldorf in Ditmarschen, „aber mit ganz Europa in Verbindung war, und die Welt weit und breit kannte.“[2] In Meldorf hat Barthold Niebuhr seine Jugend verlebt. Mit reichen Gaben, darunter mit einem Gedächtnisse ausgestattet, welches niemals Etwas vergaß, legte der einsam aufwachsende frühgereiste Knabe hier, sorgfältig erzogen und in vielen Dingen gut unterrichtet, den Grund zu einer Herrschaft über die Gebiete der Geschichte, Alterthumskunde und Sprachwissenschaft, wie sie seitdem nicht wieder existirt hat. Daneben trieb er, durch des Vaters Absicht, ihn in Dienste der Ostindischen Compagnie zu bringen, sowie durch dessen eigne Beschäftigung und Neigung bestimmt, was wir heute Staatswissenschaften nennen; und setzte dies Studium zuerst in Hamburg bei dem Handelslehrer Büsch, dann auf der Universität Kiel, und — nach zweijähriger Unterbrechung, während deren er Privatsecretär des

dänischen Finanzministers Ernst Schimmelmann
und hierauf kurze Zeit Bibliotheksbeamter gewesen
war — zuletzt als Reisender in England und auf
der Universität zu Edinburgh fort. Nach Beendi-
gung seiner Studien erhielt er eine Anstellung unter
Schimmelmann in Copenhagen, und 1804 die
Leitung der dortigen Bank. Zwei Jahre darauf
ward er, eben dreißigjährig, in Folge seines An-
sehens als Finanzmann nach Preußen berufen.

Niebuhr war in Meldorf unter dem Schutze
eines tüchtigen bürgerlichen Familienlebens in
Arbeitsamkeit und Zucht, in Ehrfurcht vor treff-
lichen Eltern und deren würdigen Freunden, un-
berührt von Allem, was sittlich beschmutzt, er-
wachsen.³ Aber wenn im Hause der Eltern auch
lebendig war, was man damals natürliche Religion nannte: christlich war der Grundton dieses
häuslichen Lebens nicht. Seines Vaters Lebens-
anschauung hat Niebuhr in dem schönen Denk-
mal, das er als Biograph ihm gesetzt hat,
mit der eines wohlgesinnten Mohammedaners
verglichen. Im Wesen der Mutter trat ein zartes,

zur Sorge geneigtes Gemüth lebhaft hervor, und
vielleicht daß sie auch einen Zug zum Glauben in
demselben hatte: aber das Familienleben bedingte
er nicht. Man zog sich zwar vom öffentlichen Got=
tesdienste keineswegs zurück. Man ließ die Kinder
in der Bibel lesen und am Religionsunterrichte
theilnehmen, wie es am Orte üblich war. Aber daß
man innerlich dem Christenthume nicht zugewandt
war, ergeben deutliche Züge. Boie der nächste
Nachbar und Hausfreund erzählt,[4] wie Barthold,
als er sechs Jahre alt von einer erschlagenen
Schlange gehört hatte, in der sich drei Tage
nachher noch Leben fand, im Familienkreise
fragte: „So ist es mit Christus auch wohl ge=
wesen Papa?" „Durch diesen Beweis seines
Nachdenkens", sagt Boie, „setzte der Knabe uns
Alle sehr in Verlegenheit." Augenscheinlich weil
man die Antwort, welche nach der Ueberzeugung
der Gefragten die richtige war, dem Kinde zu
geben doch anstand. „Die Generation, welche
wir in unserer Jugend vor Augen hatten", be=
merkt später Niebuhr,[5] „war meistentheils schon

in einer Zeit erwachsen, wo die Religion nicht
mehr der alten Achtung genoß." Daß sein Re=
ligionsunterricht dabei „elend", wie er ihn später
genannt hat, ausfiel, ist begreiflich.

Auch das Boie'sche Nachbarhaus, welches
nächst dem elterlichen am meisten auf seine frü=
hesten Jahre wirkte, war, bei edel gestaltetem
Familienleben, nicht durch christliche, sondern
durch ästhetische Interessen beherrscht; und daß
von Boies Schwager Johann Heinrich Voß, der
zuweilen auf längere Zeit in Melborf verweilend
Niebuhrs Studien wesentlich gefördert und auf
seine Bildung auch sonst Einfluß gehabt hat,[6]
ihm keine Weisung zum Glauben kommen konnte,
bedarf nicht der Bemerkung. Wenn indeß Nie=
buhr einmal sagt,[7] er habe die theologische Auf=
klärung seiner Jugendzeit „so gesehen, daß jeder
Altgläubige verachtet wurde", so berichtet er
wohl nicht Melborfer, sondern eher Hamburger
Erfahrungen, welche er in dem Büsch=Reimarus'=
schen Kreise machte: demselben, in welchem die
Wolfenbüttler Fragmente zu Hause waren, und

später die französische Revolution in wenig be=
messener Weise gefeiert ward. Hier fühlte Niebuhr
sich unheimlich.

„Mir ist kein Beispiel bekannt", schrieb da=
mals Nicolovius⁸ von Niebuhr, den er als Büsch's
Schüler kennen lernte, „von solchen Talenten
und solchem Fleiß, verbunden mit offenem Sinn
und völliger Unbefangenheit. Seine Seele gleicht
einer Biene. Alles Schöne unserer reichen Zeit
sammelt sie ein, und berührt kein Gift. Er
steht unbefleckt da und leuchtet, und weiß es
nicht. Er hat uns Allen wohlgethan."

In Kiel⁹ sehen wir ihn unter Führung des
Philosophen Reinhold „von ganzem Herzen"
Kant „anhängend", dessen Lehren er unabläßig
studiren will, bis er „entweder die Wahrheit,
oder die Unmöglichkeit der Wahrheit" gefunden
habe, und dessen Einfluß in vielen Aeußerungen
seiner Tagebücher und Briefe von damals hervor=
tritt. Auf das Schönste zeigt sich dabei der sitt=
liche Ernst des Jünglings. Der Mensch, sagt
er, der eine „böse Brut" sei, müsse „als ein

Junges kurz gehalten" werden: „denn es hat
nicht leicht Noth, daß man ihn scheu mache
davor schützt ihn seine angeborene Unverschämt-
heit: und ich fühle es an mir selbst, daß unsere
Fehler, ehe sie zu tief wurzeln, in der Kindheit
nicht gewaltsam genug ausgerissen werden können.
Es ist besser..., daß man am Leibe leide, damit
die Seele errettet werde." Dieser Ernst bewahrte
ihn auch, sich nach der Art damaliger Jugend
für die französischen Freiheitsgedanken zu be-
geistern: der junge bürgerliche Student war
ausgesprochen ein Nicht-Anhänger der Revolution.

Positiv christliches Wesen berührte ihn in
dieser Kieler Zeit, soviel sich erkennen läßt, haupt-
sächlich nur darin, daß er mit dem Eutiner
Freundeskreise jener Jahre — Jacobi, Stolberg,
Schlosser, Nicolovius — in Verbindung kam, [10]
und hier theils einer richtigen Schätzung der
Modephilosophie und des landläufigen Rationalismus begegnete, wie sie namentlich in Jacobi
mächtig und fruchtbar vertreten war, und damals
auch Anderen die Binde der absoluten Vernunft

hat von den Augen nehmen helfen, — theils in
Stolberg und seinen Freunden Männer fand,
denen weder Geist noch Bildung abgesprochen
werden konnte, und denen das Christenthum
doch Herzenssache und voller Ernst war. Der=
gleichen ging an Niebuhr nicht vorüber, und
namentlich gewann Jacobi auf ihn Einfluß.
Wenn Niebuhr bald nachher [11] nicht bloß gegen
die „Sophistereien" der französischen Philosophie,
zu denen er niemals Verwandtschaft gefühlt hatte,
seinen Widerwillen äußert, sondern zugleich ein
Wort sagt, wie das, daß er „tief die Nichtigkeit un=
seres Denkens und Wissens überhaupt" empfinde,
und voll sehnlichen Verlangens sei „nach einer
Weisheit und einem Wissen, dessen Gegenstand
die unseres irdischen Maßes übertreffe, wie sein
Umfang und seine Klarheit", so hört man Jacobi
reden. Niebuhr aber spricht von ihm befeuert
den „heiligen Entschluß" aus, seine „Seele immer
mehr zu reinigen, sodaß er sie ohne Furcht jeder=
zeit in den ewigen Quell zurückgeben könne,
aus dem sie entsprungen" sei.

So bewegten sein Herz zwar fromme Gefühle:
der feste anstaltliche Kirchenbestand jedoch, dem er
in England und hiernach in Schottland begegnete,
war ihm nicht anziehend.[12] „Die stricte und etwas
pedantische Religiosität der Familie", schreibt er
aus Edinburgh über ein befreundetes Haus,
„setzt mich in einige Verlegenheit. Doch erscheint
diese Eigenschaft besonders in dem Vater wahr=
haft ehrwürdig; .... auf jeden Fall stimmen
meine Gedanken weit mehr mit den seinigen, als
mit denen englischer Abtrünniger" — er meint
materialistische Freidenker — „überein" „Er ist
von musterhaft gesundem, starkem Verstande, ...
welcher ungeachtet seiner entschiedenen religiösen
und politischen Strenggläubigkeit nie einen
Mann seiner Meinungen wegen unbesehens ver=
dammt." Aber „das rechte Leben, Interesse an
den herrlichsten Dingen fehlt ... der Familie,
und hat einem engen Kreise blind angenommener
unumstoßbarer Meinungen Platz gemacht." —
Die kirchliche Frömmigkeit des Volkes in Schott=
land erschien Niebuhr als „gewohnte Formalität,

ohne Einfluß auf Gesinnungs- und Handlungs-
weise"; er habe, schreibt er, Austerität erwartet,
aber Rusticität gefunden. Eher spricht ihn die
schwärmerische Frömmigkeit einer Wiedertäufer-
familie, die er kennen lernte, an, und ihre
„Denkart" gefällt ihm, „wo Bildung und dau-
ernde Cultur der edleren Anlagen nicht stattfinden
kann, besser, als die entgegengesetzte". Immer-
hin vermehrte er in Schottland seine Eutiner
Erfahrungen; und erschien das Christenthum des
Stolbergischen Kreises in Verbindung mit einem
Geistesschwunge, der nicht ohne krankhaftes Element war, so sah Niebuhr jetzt, daß auch der
nüchterne, starke, bürgerlich-kluge Verstand kein
Hinderniß sei für festen christlichen Glauben.

Dieser feste persönliche Glaube, wenn auch
anscheinend nicht in scharf geprägter Gestalt, trat
ihm, als er nun in Copenhagen angestellt warb
und hierauf sich vierundzwanzig Jahr alt ver-
heirathete, noch näher in seiner Frau; [13] und
konnte um so ungeschwächter auf ihn wirken, je
herzlicher sie ihm lieb war. Aus dem Anfange

dieſer Zeit[14] iſt ein Brief über Stolbergs da=
mals erfolgten Uebertritt zum Katholicismus,
der, indem er die Meinung des Miniſters
Schimmelmann, eines für ſeine Perſon nicht
poſitiv chriſtlich, noch weniger kirchlich gerichteten
Mannes darüber berichtet, auch Niebuhrs eigene
Meinung ausdrückt. „Schimmelmann", ſchreibt
er, „wird nie katholiſch werden; aber der jetzige
Zuſtand des Proteſtantismus und der proteſtan=
tiſchen Geiſtlichkeit im Allgemeinen ſagt ihm auch
keineswegs zu. Wenn … Einige wirklich Etwas
von Dem glauben, … was ſie vortragen; was
für ein Glaube iſt das denn? Kann das Denen
genügen, die an einer überſinnlichen Welt mit
Liebe hangen wollen?" Worte, zu deren Com=
mentar die eine Thatſache genügt, daß von
einem der perſönlich ſonſt achtbarſten proteſtan=
tiſchen Univerſitätstheologen von damals der
Beruf des kirchlichen Lehramtes dahin beſtimmt
wurde: „den ſittlichen Intereſſen der Menſchheit
und des Staates mit ſchonender Berückſichtigung
des im Volke noch nicht erſtorbenen Chriſten=

glaubens zu dienen." — Niebuhr's persönliches
Verhältniß zu Stolberg änderte sich durch dessen
Convertirung nicht.

Nach einigen in Copenhagen still verlebten
Jahren trat Niebuhr in den preußischen Dienst
gerade als der Octobersturm von 1806 herein-
brach. Wir finden ihn in Königsberg, Memel,
Bartenstein sogleich in angestrengter Arbeit, zu
retten, was gerettet werden konnte. Und wie
in Zeiten der Gefahr wer für das Land kämpft
schneller im Lande wurzelt, und auch ein persönliches Band zwischen Mitkämpfern sich leichter
festwebt, so war unter den Edelsten jener großen
Tage Niebuhr als Ebenbürtiger und Zugehöriger
ohne Weiteres aufgenommen, und seinerseits von
Anfang an mit Gut und Blut für Preußen ein-
zutreten entschieden. Schon im Jahre 1807 ging
er, um eine Anleihe zu verhandeln, nach Holland,
wo er anderthalb Jahre bleiben mußte, kam dann
zurück, trat aber, weil er mit dem damaligen
Systeme der Hardenberg'schen Finanzverwaltung

2*

sich nicht verstand, aus dem politischen Dienste, und lebte vom Sommer 1810 an als Gelehrter in Berlin. Damals ist aus Universitätsvor= lesungen, deren erster Anlaß ein patriotischer war, seine Römische Geschichte entstanden. Im Jahre 1813 den öffentlichen Geschäften wiederge= geben, nahm er an der Erhebung der Freiheits= kriege lebendigen Theil; 1816 aber ging er als preußischer Gesandter nach Rom, um ein Con= cordat zu schließen; eben als das zehnte Jahr seines preußischen Dienstes ablief. Ein Jahr früher hatte er erst seinen Vater, dann seine Frau verloren.

In Holland kommt es vor, daß nach einem Ausfluge, den er durch mehrere Städte des Lan= des gemacht hatte, er eine bei dieser Gelegenheit gehörte Predigt in der schottischen Capelle zu Rotterdam als eine von den zwei schönsten Er= fahrungen seiner kleinen Reise bezeichnet.¹⁵ Dem Prädicanten, sagt er, „fehlten nicht die Worte, um seine Gedanken auf das Allerwürdigste aus= zubrücken, noch weniger aber fehlten Gedanken

zu seinen Worten, wie es den Predigern gewöhnlich geht. Vor Allem war sein tiefer Ernst und
Eifer, sein männlicher Geist, den er zeigen konnte
und zeigte, ehrwürdig, und Bürge, daß er, wenn
es je Noth thun sollte, Bekenner bis zum Tode
sein würde." Er kommt dann auf dortige katholische Geistliche und zuletzt auf die holländische
Landesgeistlichkeit zu sprechen, die ihm mißfallen
hatte. [16] „Es sind schmutzige, zu niedriger Classe
gehörige Gäste; zwar mir noch immer nicht so
widerlich, wie unsere jungen Prediger, die nach
einem rohen oder faulen Universitätsleben, wenn
sie eine Pfarre haben, selbst nicht wissen, was sie
sind, und durch die ... Unfähigkeit, sich in ihren
Stand hineinzudenken und darin zu handeln,
dahin kommen, daß sie ihn gern ... versteckten
und verläugneten." Was bei den Schülern
vieler damaliger Lehrer allerdings nicht zu ver-
wundern war.

Ein anderes Mal schreibt er aus Holland an
einen Freund, der seine Frau verloren hatte: [17]
„Der Frühling und die Blüthen Deines Lebens

sind hin; aber abgerissen vom Irdischen magst
Du noch eines anderen Trostes und reinerer
Seligkeit genießen ..... Vielleicht entwickeln sich
Dir dann die Aussichten jenseits des Grabes
hinüber, die Weisen und Heiligen in solcher Ab=
geschiedenheit und Stille des Geistes sich auf=
thaten. Glaube ist das Kind nur jener An=
strengung und Sammlung: er kam Manchem
entgegen, der so in sich mehr und mehr Licht und
Reinheit bildete. Der Glückliche erwirbt 'ihn
selten. Der Geängstete kann ihm nicht Eingang
geben .... Ich glaube, daß er keine Thorheit ist,
und daß wir blind sind hinieden." Und in einem
zweiten Briefe: „Von Außen muß dem Menschen
sein Heil entgegenkommen, mit der Sehnsucht
können wir nur hinstreben."

Seine eigensten Ueberzeugungen findet Niebuhr
damals noch in Goethes Faust ausgesprochen. [18]
Er „hört die Botschaft." Er ist keiner von den
Griechen, die sie für Thorheit halten. Allein
schmerzlich empfindet er, daß „der Glaube ihm
fehle," und daß daher das Wunder in der

Menschenbrust, welches „des Glaubens liebstes Kind" ist, sich in ihm nicht vollziehen kann.

In der speculativen Philosophie bleibt er zunächst noch der Schüler Jacobi's. „So unbezweifelt es für Jeden sein muß", sagt er 1809, „der sich nicht mit Wortbegriffen und Erklärungen befriedigt, die im Kreise umher schließen, daß es eine Weisheit und Wahrheit über unsern Wissenschaften giebt, die sich zu ihnen verhält, wie das lebendige Geschöpf zu seiner Zeichnung, so ... haben ... die Ahnungen und Aussichten" darüber, „welche sich uns flüchtig eröffnen, ihre Wahrheit und tiefere Bedeutung doch nur ... in der festen eindringlichen Beschauung der Grenzen der Wissenschaft." In Schellings Untersuchungen über die Freiheit, die er sonst lobt, findet er eine „Anmaßung, den Himmel auch auf aufgethürmten Bergen ersteigen zu wollen", bei der er doch schaudre. Er nennt sie ein „fruchtlos, verwegenes Unternehmen, welches nach Begrenzung des Unendlichen" strebe. Aber auch Jacobi's Schrift von den göttlichen Dingen

befriedigt ihn dann nicht mehr: „ich weiß“, sagt
er, „mit absoluter Metaphysik wenig anzufangen,
ehe ich sie mir belebt und verkörpert habe.“ [19] —
Heutzutage könnten solche Urtheile über philo-
sophische Bestrebungen leicht aus Unterschätzung
ihrer Bedeutung hervorgehen; denn man hat sich
mit selbstverschuldetem Ueberdrusse von der
Philosophie abgewendet. In der Zeit von 1809
und 1811 aber hoffte noch die ganze gebildete
deutsche Welt auf dem Wege der Speculation
nicht bloß Wahrheiten, sondern die Wahrheit zu
entdecken, war auf diesem Gebiete sehr viel mehr
als die heutige zuhaus, und fand sich durch lebhafte
Arbeit auf demselben so befriedigt, daß sie über
deren Resultat sich bereitwillig täuschte. Dem
gegenüber hat ein Wort, wie das von Niebuhr,
andere Bedeutung, als es heute ausgesprochen haben
würde; es zeugt von hoher Selbständigkeit des
Geistes, die bei Niebuhr wohl in seinem historisch-
politischen geraden Verstande wurzelte. Indem
er mit seinem ganzen Wesen darauf gerichtet
war, die Dinge nicht in einem ideal=construirten,

sondern in ihrem wirklichen Zusammenhange zu erkennen, sah und verehrte er in dem Gange der Geschichte den weltregierenden Gott — Gott den Herrn, und konnte sich nun nicht darüber täuschen, daß dieser Gott ein anderer sei, als jenes letzte Postulat, von welchem die Philosophie weiß. Er erblickte klar, daß die Philosophen keineswegs mehr von Gott wußten, als das Christenthum, sondern daß sie nur, durch ihre Freude an eigener Geistesarbeit getäuscht, sich durch Schein=Resultate befriedigt fanden, in denen für Christen keine Befriedigung zu finden war.

Aber war dieser lebendige Gott der Geschichte auch der wahre lebendige Gott?

Einen Theil Antwort hierauf giebt Niebuhr, indem er im Jahre 1812 einen ihm mitgetheilten Aufsatz über den „Mysticismus“, mit welchem Ausdrucke rationalistischerseits der positive christ= liche Glaube bezeichnet wurde, beantwortet.[20] „In dem Sinne“, schreibt er, „in welchem Mancher den Namen Mysticismus giebt, können

Sie wahrhaftig auch die Reformatoren nicht vor
diesem Namen retten. Wären denn etwa die
Ideen der Menschwerdung, der Versöhnung, der
Gnadenwirkung etwas Anderes, als mystisch? —
Mysticismus, denke ich, ist nichts Anderes, als
der Glaube, daß der Fromme — nur fähig nach
dem Zustande des Glaubens und der christlichen
Gesinnung sich zu sehnen und dahin zu streben
— ihn durch ein wundervolles Entgegenkommen
erreicht; und wenn er dessen theilhaftig geworden, auf eine der Logik und Psychologie uner-
klärliche und thörichte Weise Erleuchtungen des
Herzens und Geistes erlangen kann." Gewiß,
nicht bloß schön, sondern auch wahr! nicht er-
schöpfend, aber christlich echt! — und man sollte
meinen, nur Einer, der das auch erfahren habe,
könne so reden. Aber Niebuhr wiederholt sein
Bekenntniß, daß eine solche Erfahrung ihm noch
fehle. „Eigentlicher Glaube", sagt er, „ist entweder nicht jeder Natur zu haben gegeben, oder
es kann durch ein disharmonisches intellectuelles
Leben die Fähigkeit seines Wurzelfassens und

Gedeihens vernichtet werden. Der Boden kann
fruchtbar genug, aber das Clima abhold sein.
Meine intellectuelle Richtung war früh skep=
tisch; auf das Reelle und Historische gewandt,
begierig aufzufassen und zu ergründen, unter=
warf ich meine Gedanken den Naturgesetzen, und
eine eigentlich schöpferische Phantasie hatte ich
in dieser Hinsicht so wenig, als ein gewaltsames
Bedürfniß des Herzens, über die Grenzen der
Erfahrungsfähigkeit hinauszugehen; oder ich ließ
beide verkommen .... Zu dieser ohne Zweifel
natürlichen Anlage kam die Wirkung eines elen=
den Religionsunterrichtes und eine sehr leben=
dige Beschäftigung mit dem classischen Alter=
thum. So kam ich erst in reiferen Jahren und
mit einem historischen Studium zu den heiligen
Büchern zurück, die ich absolut kritisch, und um
ihren Inhalt als den Grund einer der merk=
würdigsten Welterscheinungen zu studiren, las.
Dies war keine Stimmung, worin der eigent=
liche Glaube erwachsen konnte; denn es war
die des heutigen Protestantismus." Und nach

näherer Darlegung dieses kritischen Verhaltens:
„Wenn ich aber die unermeßliche Kluft zwi=
schen Erzählung und dem erzählten Geschehenen
hier wie bei jedem erzählten Gegenstande ins
Auge fasse, so störte mich das“ — die Kritik —
„nicht weiter. Der, dessen irdisches Leben und
Leiden geschildert war, hatte mir eine vollkom=
men reale Existenz, und seine Geschichte dieselbe
Realität, wenn sie auch in keinem einzigen
Punkte buchstäblich genau erzählt wäre.“ Auch
das „Grundfactum der Wunder“, fügt Niebuhr
hinzu, könne nicht anders als wahr sein; weil
man sonst das „Unsinnige, nicht bloß Unbegreif=
liche“ würde annehmen müssen, „der Heiligste
sei ein Betrüger, und seine Jünger seien Be-
trogene oder Lügner gewesen; und Betrüger
hätten eine heilige Religion geprebigt, in der
Alles Entsagung ist, und nirgends auf ein
Priesterregiment, nirgends auf Etwas, das der
Lasterhaftigkeit angenehm sein könnte, hinge=
arbeitet wird.“ „Nach diesen Aeußerungen“,
fährt er fort, „könnte ich nun wohl Anspruch

machen, ein echter protestantischer Christ zu
heißen, und von einer Kirche anerkannt zu wer=
den, welche selbst Die nicht aus ihrer Mitte
ausschließt, die Christus zu einem schlauen poli=
tischen Ehrgeizigen, zu einem gewandten Char=
latan und Taschenspieler machen: Menschen,
welche hoffentlich nicht sterben werden, ohne die
Strafe einer … allgemeinen Verachtung em=
pfunden zu haben.… Ich selbst aber kann diesen
Anspruch dessenungeachtet noch immer nicht
machen, und Luther würde ihn auch nicht aner=
kennen: denn ich bin weit davon entfernt, einen
so tiefen Glauben, eine so anschauliche Gewißheit
von diesen Gegenständen zu haben, wie von
denen der historischen Erfahrung. Sie sind nur
immer noch in meinen Gedanken und unter
ihnen, nicht außer und über mir." Nach jener
schon oben ausgehobenen Aeußerung über das
mystische Wesen des Glaubens schließt hierauf
Niebuhr: „Wer kann leugnen, daß Männer,[21]
deren Schuhriemen zu lösen ich nicht wagen
dürfte, diesen Glauben mit unerschütterlicher

Gewißheit gehabt haben, und daß in ihren
Schriften und Thaten das Antlitz ihres Geistes
leuchtet."

Der Niebuhr mitgetheilte Aufsatz hatte sich
insbesondere auch über das Katholisiren des pro=
testantischen „Mysticismus" ausgesprochen. Er
seinerseits findet ein geängstetes Gemüth, wenn
es, bei dem augenblicklichen Verfalle des Prote=
stantismus, in der katholischen Kirche sein Heil
zu finden meine, wenigstens entschuldbar. „Sie
erinnern", fährt er fort, „mit großem Recht
gegen die Lobredner der katholischen Ceremonien,
daß die schönsten geistlichen Lieder von Prote=
stanten gedichtet sind. ... Aber sind nicht alle
wahrhaft erhebende von Mystikern gedichtet?
Ist darunter ein einziges, welches vor Vernunft=
theologen Gnade finden kann, wenn es nicht
allenthalben behauen und umgeformt wird?
Ganz gewiß ist es ein widerlicher Unsinn, wenn
man" mit den Romantikern jener Periode „sagt,
Religion sei Poesie; denn den guten Sinn, den
man dem Worte geben könnte, müßte man

hineinlegen. Aber die Wurzel der Poesie, Herz
und lebendige Anschauung, ist allerdings auch
Wurzel des Glaubens."

„Ich frage mich oft", schließt Niebuhr, „wie
soll es werden? In den katholischen Ländern
stirbt die Clerisei aus. ... Bei uns haben wir
Namen und Formen, und ein allgemeines dumpfes
Bewußtsein, daß es nicht richtig sei. Jedermann
ist unheimlich: wir fühlen uns als Gespenster bei
lebendigem Leibe. ... Ich bin aber dabei ...
ruhig. Man wird wahrer und lauterer werden,
wenn sich Alles entscheidet, was nicht von Herzen
zu irgend einer der vielen Gemeinden gehört, die
sich bilden werden. Aergerniß muß sein: wehe
Dem, durch den es kommt. Ich möchte die todte
Kirche nicht einreißen, aber wenn sie fallen soll,
wird es mich nicht beunruhigen. Laß uns vertrauen, daß ein Tröster kommen kann, wenn
wir es am wenigsten ahnen."

Wir lassen ununtersucht, wie viel an diesen
Bekenntnissen kirchlich Richtiges oder Unrichtiges
ist. Wenn Niebuhr dem Glauben dieselbe Wurzel

mit der Poesie, „Herz und lebendige Anschauung",
zuschreibt, so hat er über einer großen Wahrheit
eine größere anscheinend übersehen: dessen in der
Erlösungsbedürftigkeit des Menschen beruhenden
sittlichen Grund. Wir fragen auch nicht, wie
oft um die Lebenszeit, von der wir sprechen,
Niebuhr zwischen dem Bekenntniß zum lebendigen
Gott und zwischen naturalistisch = fatalistischen
Vorstellungen antiker Weltanschauung noch ge=
schwankt hat.²² Woran wir aber denken wollen
ist, daß er einmal die allgemeine Regel aufstellt:
„was man immer kann und immer soll, ist,
nicht nach einem Schein von mehr trachten, als
man vermag, und schlecht und recht denken und
sich ausdrücken"; und daß er hinzufügt: „hierin
bin ich mir bewußt, Nichts von Anderen zu for=
dern, wovon ein höherer Geist, der in meiner
Seele läse, mir verwerfen könnte, irgend ein=
mal das Gegentheil gethan zu haben."²³ Was
wir nicht vergessen wollen ist, daß von Dingen
des Glaubens viel zu sprechen, bei aller sonstigen
Mittheilsamkeit, nicht seine Art war. Danach

schätzen wir sein Bekenntniß für Das, was es ist, für ein in jedem Wort gewissenhaft bemesse= nes; und erwägen dabei, daß er es im Jahre 1812, in der vollen Blüthezeit des deutschen Rationa= lismus niederlegte.

Von England und Holland her theils un= mittelbar, theils über Frankreich eingedrungen hatten diese erst von der Offenbarung absehen= den, dann sie bekämpfenden Gedanken sich seit Beginn des vorigen Jahrhunderts in Deutsch= land verbreitet, und beherrschten, nachdem sie das Anfangs noch festgehaltene geistliche Gewand seit etwa den siebenziger Jahren hatten fallen lassen, Gesellschaft und Litteratur. Offenba= rungsgläubiges Christenthum betrachtete man als eine dem „vernünftigen" Manne nicht geziemende Schwäche, und war zu der Annahme geneigt, daß, da er in seinen Banden ernstlich nicht be= fangen sein könne, ein christliches Bekenntniß von ihm gethan nur die Tendenz verrathe, das Christenthum äußerlich zu benutzen. Höchstens dem sogenannten „Volke" hielt man die Kirche

. 3

noch dienſam; oder man erfreute ſich, nicht ohne
Sentimentalität, dieſer Schweſter des Rationa=
lismus, an dem menſchlich Schönen und
Rührenden der kirchlichen Form, die man bald
romantiſch, bald ſpeculativ mit einem anderen,
als dem chriſtlichen Inhalte füllte. Nur ſehr
Wenige unter den geiſtig bewegteren Männern
aus dem Anfange unſeres Jahrhunderts waren
anderer Geſinnung. Ehedem Hamann. Dann
in ſeiner Weiſe Jacobi, und poſitiver Claudius,
„einer der Allererſten,“ wie Niebuhr ihn nennt,[24]
„unter jener Claſſe der Innigen, ſtill und tief
Glühenden und Schauenden.“ Auf katholiſcher
Seite die Männer des münſteriſchen Kreiſes, in
welchen Stolberg eintrat. — Aber wie vereinzelt
klangen ihre und ihrer Freunde Stimmen in
dem Chorus der öffentlichen Meinung der Zeit.
Wir wiederholen, es iſt ein bis zu der Bedeu=
tung der Wendungen und Worte hin anderes
Ding, daß ein Bekenntniß, wie das von Niebuhr,
damals gethan ward, als wenn es heute geſchähe.
Allerdings iſt Niebuhrs religiöſe Entwickelung

in jenen Jahren eine mehr negativ als positiv
bestimmte. Was er nicht will, weiß er genau.
Er will keinerlei naturalistischen Materialismus,
weder den der französischen Encyclopädisten
und ihrer Nachfolger, noch den moderneren der
deutschen Romantiker, — keinerlei unlebendige
Abstractionen über göttliche Dinge aus der
Schatzkammer der speculativen Philosophie, —
keinerlei Scheinchristenthum, das biblischen Namen
unbiblische Begriffe unterlegt,²⁵ oder das sich
Illusionen macht über die eigene Herzens=
stellung. Er will Nichts, als wahren, schlich=
ten, einfachen Christenglauben. Aber er sucht
ihn erst, und wagt nicht zu sagen, daß er ihn
schon habe.

———

Der Tod seiner Frau im Sommer 1815,
wiewohl er ihn bis ins Innerste erschütterte und
selbstverständlich auch religiöse Saiten in seinem
Herzen anschlug,²⁶ wirkte doch auf seine Stel=
lung zu Christenthum und Kirche nicht erkenn=

3*

bar ein. Mehr in dieser Beziehung mag seine Wiederverheirathung gewirkt haben. Denn seine zweite Frau war, wie Die versichern, welche sie gekannt haben, ungleich bedeutender, als aus den Niebuhrschen „Lebensnachrichten" unmittelbar hervorgeht. Fromm, gottergeben, und auf diesem Grunde wie wenige Frauen besonnen, entschieden und fest, hatte sie mit ihrer ruhigen Klarheit sehr wohlthätigen Einfluß auf Niebuhr, namentlich seiner oft hervorbrechenden leidenschaftlichen Heftigkeit gegenüber. Sie hat großen Antheil daran, daß es ihm möglich geworden ist, die auch später ihm nicht erspart gebliebenen schweren Heimsuchungen so fromm und mit so demüthiger Ergebung, wie er es gethan hat, zu tragen.

Seine zweite Heirath geschah in dem Augenblicke, wo er in Begriff war, als Gesandter nach Rom abzugehen Im October 1816 kam er dort an, im April des folgenden Jahres wurde ihm sein erstes Kind geboren. „Ich habe in der entsetzlichen Angst innig gebetet", schreibt er,[27]

als die Gefahr einer schweren Geburt glücklich
vorüber war; und balb barauf aus Tivoli in
Anlaß einer Krankheit des Kindes: „Du denkst dir
die Angst, hier wo kein Arzt ist; Gott aber hat
geholfen." Der lebendige Gott war ihm nahe.
Niebuhrs amtliche Hauptaufgabe in Rom war
auf die katholische Kirche bezüglich.

Durch die französische Revolution, dann durch
den mit derselben concorbirenden Papst, und
schließlich durch Kaiser und Reich war zu An=
fang dieses Jahrhunderts die alte Gestalt des
katholischen Kirchenwesens in Deutschland zer=
stört worden; sobaß, als man 1814 und 1815
wieder zur Ruhe kam, und daran ging, Ord=
nung zu machen, eine Neu=Begrenzung und theil=
weise Neu=Dotation der deutschen Diöcesen sich
nöthig zeigte. Eine Anzahl anderer zwischen
Staat und Kirche zu erledigender wichtiger
Fragen hing weiter damit zusammen. Sofern
diese Aufgabe Preußen anging, sollte Niebuhr
darüber mit der römischen Curie verhandeln.
Bayern und Hannover negociirten zu ähnlichem

Zwecke jedes für sich, Württemberg und Baden
aber untereinander und mit anderen deutschen
Staaten dazu verbündet; und alle waren schon
in voller Verhandlung, während Niebuhr zu
Rom noch fast vier Jahre lang auf seine In=
struction warten mußte, und erst als er sie im
Sommer 1820 erhielt zu unterhandeln anfing.

Dieser Aufschub war nicht zufällig. Inner=
halb der katholischen Kirche giebt es seit langer
Zeit gegenüber der päpstlich=monarchischen eine
bischöflich=aristokratische Partei, welche — da=
mals in Deutschland durch Ignaz Heinrich von
Wessenberg und seine Freunde geleitet — die
Sachlage zu Anfang dieses Jahrhunderts zu be=
nutzen wünschte, um die deutsche Kirchenregie=
rung in ihre Hand zu bringen. Hiermit stimm=
ten viele Staatsmänner und Juristen, katholische
wie protestantische, insoweit überein, als auch
sie gedachten, den Papst von der Kirchenleitung
möglichst auszuschließen. Es war aber nicht
ihre Meinung, daß dies zum Vortheile der
Bischöfe geschehen solle; sondern vielmehr zum

Vortheile des Staats, dessen geistliche Polizei-
Beamte die Bischöfe werden sollten. Vorläufig
allerdings sahen beide antipäpstliche Fractionen
sich als Verbündete an, beherrschten gemeinsam
den Markt der öffentlichen Meinung, und gingen
beide, wenn auch nicht beide in gleichem Grade
entschieden, von der schon berührten Idee aus,
kirchliches Christenthum sei ein überwundener
Standpunkt; der Papst und die römischen Curialen
aber hätten Verstand genug, mit ihren christlich-
kirchlichen Positionen könne es ihnen also unmöglich Ernst sein, und deshalb würden sie,
sobald man nur hinlänglich dringend fordre,
die Kraft nicht haben, zu widerstehen. Man
könne auf die Art Alles von Rom erreichen.
Aus solchem Tone wurde wie die württem-
bergisch-badische, so anfangs auch die hannoversche
Verhandlung mit der Curie geleitet; und in
Berlin waren die Politiker aus Herzbergs alter
Schule gleichfalls der Meinung gewesen, daß
der preußische Unterhändler demgemäß zu in-
struiren sei. Der Concipient der für Niebuhr

im auswärtigen Ministerium entworfenen In=
struction war ein ehemaliger Mitarbeiter der
Berliner Monatsschrift rationalistischen Anden=
kens; Staats=Canzler Fürst Harbenberg hegte
verwandte Gesinnungen, und warb in denselben
durch den römischen Generalconsul Bartolby,
welcher den Vortheil localer Orientirtheit für sich
hatte, bestärkt. Die letzten zwei von den vier
Jahren, während deren mit Niebuhrs Instruc=
tion in Berlin gezögert warb, hat Harbenberg
allein dieselbe aufgehalten: anscheinend deshalb,
weil ihm rücksichtlich des Erfolges der badischen,
württembergischen und hannoverschen Verhand=
lung eine Erwartung erweckt worden war, die
sich dann nicht erfüllte. — Dagegen war der
König solcher Meinung nicht. Er wollte vom
Papste nichts gefordert wissen, was gegen dessen
kirchliches Gewissen gehe. Und ebenso war Niebuhr
fähig, die Sache wie sie wirklich lag, zu ver=
stehen.

Nicht daß er einen Zug zu katholischem We=
sen gehabt hätte. Wenn er die im römischen

Katholicismus bewahrten christlichen und des=
wegen fruchtbaren Momente auch anerkannte
und schätzte, und wenn ein katholischer Kinder=
glaube, wie er sich z. B. in Tyrol findet, ihm
anziehend und rührend war,[28] so wurde er von
der italienischen Erscheinung des Katholicismus
doch entschieden abgestoßen.[29] Die Mehrzahl
der römischen Priester hielt er für innerlich un=
fromm, und das „Schönthun mit dem Katho=
licismus", welches bei manchen Protestanten in
Deutschland Mode sei, verwirft er als „unwahre
und widerliche Comödie." Ihm aber[30] erscheint
„kein Ort zur Befestigung im Lutherthum so
günstig", als Rom; „denn am herzlichsten
möchte man hier fühlen, was wir gewonnen
haben, und Luther am dankbarsten segnen."

Aber Niebuhr erkennt, daß, wenn zur Refor=
mation der katholischen Kirche dem Staate Beruf
wie Mittel fehlen, und wenn er durch seine Lage
sich doch einmal veranlaßt sieht, mit ihr als der
Confession vieler seiner Unterthanen in ein
öffentliches Verhältniß zu treten wie sie ist, er

sie dann auch als Kirche ehren und ihr kirchliches
Gewissen demgemäß respectiren muß. Daß ein
solches Gewissen kein bloßes Wort sei, dafür
hatte Niebuhr menschliches, christliches und staats=
männisches Verständniß: und seine Depeschen
sind voll von Aufforderungen, es ja nicht zu
unterschätzen.

Es mag hier nur aus einer derselben [31] Ei=
niges mitgetheilt werden, das zunächst vom staats=
männischen Gesichtspunkte ausgeht. „Ich bin
überzeugt", sagt Niebuhr im Herbste 1819, „daß
die herrschende politische Epidemie, nach der Je=
der seine Meinung zum Gesetz machen will, nie
hätte allgemein werden können, wenn die Re=
gierungen das Bestehende geehrt und aus seinen
eigenen Principien reformirt hätten ... Die sou=
veraine Gewalt hätte alsdann auf allen Punkten
Verbindungen, die ein gemeinschaftliches Inter=
esse mit ihr besäßen, und das Umschaffen erschiene
dann gar nicht als eine so leichte Sache. So
bin ich auch überzeugt, daß der Staat die Kirche
bestehen lassen müsse, und daß es schlechterdings

nicht fehlen kann, daß .... Vertrauen und Liebe
für die Regierung auch in die Kirche einer an=
deren Confession komme ... wenn sie sich nur fest
überzeugt, daß die Regierung mit keinen Plänen
umgeht, welche sie entweder wirklich gefährden, oder
zu gefährden scheinen. — Dergleichen kann z. B. in
Hinsicht des öffentlichen Unterrichtes bei den besten
Absichten stattfinden;[32] und da es dem Staate
ohne Vergleich wichtiger ist, Millionen von Un=
terthanen zu haben, die ihm treu ergeben sind,
weil er sie nicht nur wohl regiert, sondern auch
ihren Glauben respectirt, als einige Hunderte
oder Tausende, die durch eine meistens oberfläch=
liche Bildung Zwitterdinge in ihrer Religion
sind, oder gar Hunderttausende die dahin kom=
men, so scheint es mir nicht zweifelhaft, welche
Maximen darüber die besten seien. König Fried=
rich der Große ließ die katholische Kirche in
Schlesien unangetastet, obgleich das Betragen
des Bischofs ihm Veranlassung genug gegeben
hätte, sie unter seine Zucht zu nehmen; und hatte
nie Ursache, seinen weisen Entschluß zu bereuen.

Es ist wahrlich nichts weniger als gleichgültig, ob einige Millionen wenigstens in Einer Sache bei ihren hergebrachten Ansichten treu beharren, oder sie gründlich und mit voller Ueberzeugung ändern, anstatt auch hierin der Mode nachzu= laufen, und unter thörichten Führern ohne Ziel irre zu gehen.— Ich kenne nichts Flacheres und Widrigeres, als diese liberalen Katholiken, wie ich sie durch die Wessenbergischen Händel kennen gelernt habe." Niebuhr hat Wessenberg persön= lich im Sinne. „Noch so hochmüthig mit ihrem katholischen Namen, und so hochmüthig, so af= fectirt auskramend mit ihrer brüderlichen Toleranz für uns Alle und ihrem hohen christlichen Sinn, der alle Confessionen umfasse, so prahlend mit ihrer Bibelverbreitung und ihren Schulver= besserungen, mit ihren neumodischen Liturgieen, mit ihren wäßrigen geistlichen Liedern. Denn unsere unübertrefflichen, oder Luthers Bibel an= zunehmen, dazu sind sie viel zu hochmüthig. Es ist ihnen zu gemein. Die frommen Katholiken, welche das Joch des Papstthums nicht tragen

mögen, sind nicht in ihrer Zahl: die wissen was
sie wollen, und hoffen auf kein Heil von ihnen ..
Es ist ein großer Nachtheil für die Regierung,
wenn eine große Anzahl Unterthanen sich zu
einer von der des Fürsten und der Hauptländer
verschiedenen Confession bekennt. Aber einer
Amalgamirung muß man weislich entsagen; und
das Einzige, was den Schaden ändern kann, ist
daß man die Eigenthümlichkeit nicht verfälsche."
Man müsse die katholischen Provinzen „überzeu=
gen, daß sie in Hinsicht auf ihre Religion von
einem katholischen Fürsten nichts Besseres, von
einer revolutionairen Regierung ungleich Schlim=
meres zu erwarten hätten. — Was der Staat sich
in Hinsicht auf die Kirche nicht vergeben kann
und nicht zu vergeben braucht, ist, daß er Denen
Schutz gewähre, welche von ihrem Gewissen ge=
drungen aus den bestehenden Kirchen ausscheiden,
und neue bilden wollen. Die Priester dürfen
diese nicht zwingen und nicht verfolgen. Aber
ob sie es wahrhaft und redlich meinen, wie un=
sere Reformatoren des sechszehnten Jahrhunderts,

das wird sich daran zeigen, ob sie für ihre Ueber=
zeugung ein Kreuz zu tragen Muth haben, als
da ist Verlust ihrer Aemter u. dgl.; denn der
katholische Bischof kann einen nicht mehr katho=
lischen Geistlichen nicht als Pfarrer lassen, und
das darf man von ihm auch nicht fordern…"

Nach solchen und ähnlichen allgemeinen Be=
merkungen wendet Niebuhr sich zu Einzelpunkten.
„Der römische Hof", sagt er, „verlangt für die
Bischöfe die ausschließliche Direction der Semi=
nare, er räumt die Verpflichtung ein, daß sie
keinen der Regierung mißliebigen Lehrer anstellen
dürfen, aber er fordert die Anerkennung ihres
Rechtes, die Lehrer nach eigener Ueberzeugung
zu entlassen. Dies schließt das Studium der
katholischen Theologen auf Universitäten nicht aus,
aber es beschränkt dasselbe … Mißvergnügen nun
mit der Mangelhaftigkeit des Seminarunterrichtes
ist erklärlich: nur fragt es sich, ob die katholische
Kirche bestehen kann, wenn ihre Geistlichen nicht
in Seminaren gebildet werden; ob sie sich ent=
schließen kann einzuwilligen, daß die Jugend auf

Gymnasien mit wenig Rücksicht auf Religion un=
terrichtet, nachher in der academischen Freiheit
erwachse, und dem doch manchmal wirklich hetero=
doxen Unterrichte von Professoren, welche die
Regierung ernennt, überlassen werde." Hievon
gab es im Jahre 1819, als Niebuhr dies schrieb,
eclatante Beispiele. „Ich meinestheils", sagt er,
„begreife ebensowenig, wie ein junger Katholik, der
auf Universitäten die irreligiösesten Systeme sich
aneignen kann, wenn er will, und in persönlicher
gänzlicher Ungebundenheit Jahre verlebt hat, Prie=
ster werden kann, als ich begreife, daß er es
möchte, da ihm unbedingter Gehorsam, Cölibat
und Ausschließung von der Welt vor Augen stehen.
Ja ich gehe weiter, und ... wünschte, daß auch
unsere protestantischen Geistlichen nicht sowohl auf
Universitäten, als in Seminaren gebildet würden;
wenigstens daß die theologischen Facultäten die
Form von Seminaren hätten, wo eine Direction,
welche die Theologie und Gottseligkeit als die
unendlich überwiegende Hauptsache ihrer Bestim=
mung im Auge hielte, die jungen Theologen mit

allen ihren Gewohnheiten und Neigungen auf
sie leitete, und von mißlichen Dingen ablenkte."

Niebuhr spricht noch von Dem, was römi=
scherseits in Betreff der Weihen, dann das Rechtes
der Censuren und der Befugniß, das Lesen ge=
fährlicher Bücher zu verbieten, sowie der Aufsicht
über den religiösen Schulunterricht geforbert
werde. Alles bergleichen gehöre einmal zum
katholischen System, auf welches man protestan=
tische Grundsätze nicht anwenden dürfe; berühre
auch — außer bei Geistlichen und Lehrern —
nur die Gewissen. Geistliche und Lehrer aber
könnten desfallsiger kirchlicher Einwirkung staat=
lich nicht entzogen, sondern müßten, wo sie durch
dieselbe wirklich gebrückt würden, lieber vom
Staate entschädigt werden. Es ist nicht nöthig,
im Einzelnen auszuheben, was Niebuhr darüber
sagt: um seine Gesinnung zu zeigen, genügt das
Mitgetheilte.

Es war nicht leicht, „gebildete" Protestanten
damaliger Art zu überzeugen, daß offenbarungs=
gläubiges Christenthum sogar in der römischen

Curie respectirt werden müsse, und daß von ihr
was sie von Gewissens wegen nicht würde leisten
können auch nicht zu verlangen sei. Indeß hatte
Niebuhr, soweit es seine Arbeit am auswärtigen
Ministerium galt, hierfür Verbündete an den im
Ministerium der geistlichen Angelegenheiten arbei=
tenden Geheimenräthen Schmedding und Nico=
lovius, die nicht müde wurden, immer wieder
wenn es nöthig wurde zu versichern, Niebuhr
habe in seinen Beobachtungen, wie in seinen For=
derungen Recht; und denen es gelang, hievon
auch den Minister von Altenstein im Wesentlichen
zu überzeugen. Es verdient beachtet zu wer=
den, daß, wie dreißig Jahre früher sich Stolberg
und Jacobi zusammengefunden hatten im Kampfe
für das positive Christenthum gegen die Männer
der Allgemeinen Bibliothek und der Berliner
Monatsschrift, so es nun wieder ihre jüngeren
Freunde waren, von denen gegen Nachzügler je=
nes Nicolai=Biester'schen Kreises das Recht des
kirchlichen Gewissens behauptet wurde. Denn
Nicolovius war von Jacobi, Schlosser und Stol=

berg, Schmedding aber, ein katholischer Münster=
länder, war von dem Fürstenberg=Gallitzin'schen
Kreise ausgegangen. Völlig drangen sie erst
durch, als man die hannoverſche und die würt=
tembergiſch=badiſche Verhandlung zu Rom ganz
so mißlingen sah, wie Niebuhr immer vorherge=
sagt hatte, und als man daher nicht mehr ver=
kennen konnte, daß mit der von seinen Gegnern
gerühmten „rückſichtsloſen Energie" soviel nicht
auszurichten sei. Nun endlich ward Niebuhr
und in einer Weise inſtruirt, die ihm freie Hand
ließ, die Verhandlung in dem von ihm vertrete=
nen Sinne zu führen; und die wenigen Monate,
in welchen er sie hierauf zu Ende geführt hat,
würden nur ebensoviele Wochen gewesen sein,
wenn nicht äußere Umstände Verzögerung verur=
sacht hätten. Der Staatscanzler hat, als er
zuletzt gleichfalls nach Rom kam, abgesehen von
einem Dotationspunkte, den er noch zu geneh=
migen hatte, Nichts mehr als den formellen Ab=
schluß hinzugebracht.

Niebuhr versuchte nicht, wie der römische Hof

es sehr viel lieber gesehen hätte, ein umfassendes
Concordat zu schließen; weil er anerkannte, dabei
würden Punkte zur Sprache kommen müssen,
über welche zwischen der päpstlichen Curie und
dem protestantischen Staate Einigkeit nicht zu
erzielen ist, und weil er von vorn herein darauf
verzichtete, in solchen Dingen Nachgiebigkeit von
der Kirche zu verlangen. Aber zugleich vermied
er damit jede principielle Einräumung in strei-
tigen Punkten auf Seite des Staats. Wenn
Preußen dem subjectiven Gewissen der katholischen
Kirche alle Schonung angedeihen ließ, so gab es
nicht damit zu, daß dies Gewissen sich auch ob-
jectiv im Rechte befinde, sondern vorbehielt sich
freie Hand für Alles, was auszuführen Pflicht
des Staates sei. Dem Gewissen der Kirche
setzte sich das Staatsgewissen entgegen; und indem man das erste als gleichberechtigt anerkannte,
verlangte man auch für das zweite selbständige,
volle Berechtigung.

Damit aber ward in Behandlung der Kirche
ein außerordentlicher Fortschritt gemacht. Denn

4*

zum erften Male nach langen Jahren gab man
es auf, fie als ein Stück Staat, ihre Diener
als Staatsdiener anzufehen, man erkannte fie
vielmehr als felbftändige, in Zweck, Wefen und
äußerer Geftaltung vom Staate unabhängige
Macht an. Und die Annahme diefer würdigeren
und für Preußen fegensreich gewordenen Stel=
lung zur katholifchen Kirche, wenn fie auch nicht
unvorbereitet, vielmehr durch die vorhergehende
Entwickelung bereits angezeigt war, ift vorzugs=
weife Niebuhrs Werk gewefen.

Er hat damit Etwas erreicht nicht bloß für
die katholifche, fondern auch für die evangelifche
Kirche; denn ein der einen Kirche gegenüber voll=
zogener principieller Fortfchritt kann gegenüber
der andern Kirche nicht ohne Folge bleiben.

Allerdings lagen auf proteftantifcher Seite
die Sachen und liegen noch heute verwickelter,
als auf der katholifchen. — Zur Reformations=
zeit war von den evangelifchen Landesobrigkeiten
das Kirchenregiment im Lande in die Hand ge=
nommen worden, weil man überzeugt war, fie

seien Gott schuldig, in Aufrechthaltung der ersten
Gebotstafel andere als reine Lehre in ihrem
Gebiete nicht zu dulden, und zu dieser Lehre ihre
Unterthanen zu erziehen. Beaufsichtigung und
Leitung der Landeskirche fiel ihnen damit von
selbst zu. Diesen inneren Zusammenhang hatte
man aber mit der Zeit vergessen, und führte
das Kirchenregiment, statt solcher kirchlicher Ge=
sichtspunkte, vielmehr aus politischen und poli=
zeilichen fort, unter denen man, wenn staatliche
Rücksichten es nöthig oder wünschenswerth mach=
ten, neben der bisherigen Landeskirche auch noch
andere Confessionen im Staatsgebiete zuließ. So
trat an Stelle des alten Gedankens, aus landes=
obrigkeitlicher Pflicht von Gottes wegen die Un=
terthanen in Eine bestimmte Kirche hineinzuer=
ziehen, allmälig das neuere Staatsprincip, daß
man vielmehr jeden Unterthan seines Glaubens
leben und sich da, wohin ihn sein Glaube treibt,
an Gleichgesinnte anschließen lasse; und heutzu=
tage würde ein anderes als dieses Princip der
„Gewissensfreiheit" für keinen einzigen der

deutſchen Staaten mehr anwendbar ſein. Die=
ſem Staatsprincipe der Gewiſſensfreiheit aber
erſcheinen mehrere nebeneinander im Lande be=
ſtehende Kirchen als ebenſoviele Geſinnungsver=
eine; denn eben das Zuſammentreten Gleichge=
ſinnter iſt ihm das kirchenbildende Moment. Aller=
dings bleibt zwiſchen dem alten landeskirchlichen
und den übrigen Vereinen ſolcher Art immer
der Unterſchied, daß das Vereinigende bei dieſen
letzteren Kirchen eine ſchon vorhandene Glau=
bensübereinſtimmung, bei der Landeskirche hin=
gegen auch jetzt noch eine erſt anzuſtrebende Ue=
bereinſtimmung im Glauben iſt, da ihre Glieder
nicht ſich ſelbſt geeinigt haben, ſondern wie von
Alters her aus dem Geſichtspunkte des obrigkeitli=
chen Erziehungsgedankens vereinigt worden ſind.

Wenn nun die Staatsgewalt jenes dem be=
ſtehenden Kirchenregimente zu Grunde liegende
alte Staatsprincip der „Cuſtodia der erſten Ge=
ſetzestafel“, wie man es genannt hatte, aufgab,
ſo vermochte ſie principiell angeſehen auch dies
Regiment nur noch als Regierung Eines der nun

im Lande vorhandenen Kirchenvereine fortzufüh=
ren. Aber — fragte sich jetzt — war als ein
solcher Verein die landeskirchliche Gemeinde ohne
Weiteres anzusehen? Fehlte ihr dazu nicht
das begrifflich nicht entbehrliche Element schon
vorhandener religiöser Uebereinstimmung? Und
doch gab es andrerseits für sie keine andere Ka=
tegorie als die des Gesinnungsvereines. — Vor=
läufig suchte man, wie es in Uebergangszuständen
gewöhnlich geschieht, alte und neue Gedanken ne=
beneinander festzuhalten. Einige, wie z. B.
Claus Harms im Thesenstreite, machten Conse=
quenzen des unaufgehobenen älteren Rechtes
geltend, denen der neuere Gesammtzustand im
Grunde widersprach. Andere wandten mit idea=
listischer Kühnheit Vereinskategorien auf Personen=
kreise an, die keine Vereine waren. So entstand
die Verwirrung der kirchlichen Verfassungsfrage
und selbst des Kirchenbegriffes, aus welcher wir
bis heute uns herauszuarbeiten haben. Vor
fünfzig Jahren aber war sie noch viel unabge=
klärter, als jetzt.

Wir fragen, welche Stellung Niebuhr zu ihr einnahm.

Gedenken wir seiner Aeußerungen aus Holland über die Verkommenheit des jüngern Geschlechts vom Nationalismus beherrschter Pastoren. Von der „Kraftlosigkeit" eines solchen Protestantismus war er völlig überzeugt.[33] „Ich begreife nicht", schreibt er 1817, „wie es mit den religiösen Verhältnissen besser werden soll, wenn nicht eine neue Offenbarung eintritt. Eine Religion, auf der die Leute nicht mit den Füßen stehen können, sondern mit den Händen schwebend hängen, läßt sich unmöglich mehr lange halten." Aber als nun Harms in seinen Thesen[31] wieder die landeskirchliche Geltung der symbolischen Bücher hervorhob, war er damit doch keineswegs einverstanden. „Ich gebe Harms Recht", sagt er, „in Allem, was er über die Irreligiosität einer von der Offenbarung unabhängigen Moral denkt; dann in seinem Unwillen gegen ein Christenthum, welches keines ist, und selbst in seinen Persönlichkeiten gegen viele Theologen. Aber für eine Verirrung

hälte ich seine Beschränkung des rechten Christen=
thums auf die symbolischen Bücher." „Ein pro=
testantischer Christ ist mir der nicht, der nicht in
eigentlichem buchstäblichem Sinne das Historische
von Christus Erdenleben, mit allen Wundern
desselben, für ebenso ausgemacht hält, als irgend
eine Begebenheit, die in den Lauf der Geschichte
gehört, und davon ebenso ruhig und sicher über=
zeugt ist: der nicht die allerfesteste Ueberzeugung
von allen Punkten des Apostolischen Glaubens=
bekenntnisses hat, in ihrem wörtlichen Sinn;
der nicht jede Lehre und jedes Gebot des Neuen
Testamentes als göttliche, unzweifelhafte Offen=
barung betrachtet. Auch ein Christenthum nach
Art der neuen Philosophen und Pantheisten ist
mir keines ...., obwohl es eine sehr geistreiche
Philosophie sein mag. Ich habe es oft gesagt, daß
ich mit einem metaphysischen Gott Nichts anzu=
fangen weiß, und daß ich keinen andern haben will,
als den der Bibel, der Herz zu Herz ist." Allerdings
dürfe, meint Niebuhr, die Religion nicht als
menschliche Lehre, das Historische im Christen=

thume nicht nach den Regeln alltäglicher Lebens=
begebenheiten erklärt werden. Aber „in ein abso=
lutes System", wie ein solches von den sym=
bolischen Büchern aufgestellt worden, lasse die
Religion sich nur etwa so weit bringen, als der.
Sinn der Schrift klar sei. Hingegen „wo er
zweifelhaft ist, und es also eigentlich darauf an=
kommt, woher will man es nehmen?" Die
katholische Kirche habe hier die Tradition. Aehnlich
auch Luther. Wolle man aber diese nicht aner=
kennen, so fehle es an einem berechtigten Ent=
scheidungsgrunde. „Die Orthodoxen des sieben=
zehnten Jahrhunderts haben die symbolischen
Bücher mit einer Ueberzeugung bekannt, wie
man es jetzt nicht mehr kann; eben weil sie ein
System, und die Systeme des einen Jahrhun=
derts den Köpfen des anderen fremd sind." Er
betont das Unzuträgliche alles und jedes Ver=
suches, göttliche Dinge menschlich auszudrücken.
„Die Religion", sagt er einem jungen Freunde,[35]
„ist ein so ätherisches Ding, daß wir, sobald wir
sie auf Artikel des Glaubens zurückführen,

d. h. die wesentlichen logischen Bestandtheile,
die man in allen übrigen Dingen sucht, haben
wollen, zu Consequenzen geführt werden, von
denen die eine oder die andere sich mit dem
positiven und lebendigen Glauben nicht verträgt.
Es sind starke Sachen in den Artikeln der Eng-
lischen Kirche, im Calvinismus, in den (luthe-
rischen) symbolischen Büchern; aber Gott ist
weiser als Alle, und seine Macht erreicht die
Herzen, wo es auch sei." — Der heilige
Augustinus habe Recht gehabt, wenn er ge-
wünscht habe, sich über Glaubenslehren allemal
so·auszudrücken, daß darin Jeder seinen eigenen
Sinn, wenn nur nicht einen durchaus irrigen,
wiederfinde. [36]

Nun giebt es in Betreff der symbolischen
Bücher zweierlei Gesichtspunkte: das Gemeinde-
glied als solches steht anders, als die Kirche dazu;
und ein Bekenntniß zu ihren Einzelheiten wird
von dem bloßen Gemeindegliede nicht verlangt
werden können. Niebuhr fordert, wie er richtig
sagt, nicht wenig, sondern — mit Dem, was

die Kirche hier zu verlangen gewohnt ist, ver=
glichen — viel, wenn er will, daß jeder Christ,
um ein solcher zu heißen, sich zu Schrift und
Apostolicum buchstäblich bekennen müsse. Die
Kirche als solche hingegen hat einen confessionell
bestimmten Lehrschatz rein zu überliefern, und dabei
können ihr Einzelheiten nicht gleichgültig sein.
Indem sie also zu jenem Zwecke Lehrer anstellt,
und selbstverständlich nur solche Lehrer gebrauchen
kann, die zu Dem, was sie lehren sollen, sich
auch bekennen, fordert sie von den Anzustellenden
ein specielleres Bekenntniß und verpflichtet sie,
falls ihre darin ausgesprochene Ueberzeugung sich
ändern würde, ihr Amt nicht zu behalten. Der
Rationalismus und zum Theil schon vorher der
Pietismus, hatten diese Verpflichtung als be=
deutungslose Form behandelt, und daß man,
wie Claus Harms that, eine in solchem Sinne
übernommene nachträglich mit Schärfe geltend
mache, hält Niebuhr weder für billig, noch für
richtig; wo absolute Irreligiosität walte, wie sie
unter der damaligen Geistlichkeit nicht ausge=

schlossen war, Orthodoxie gebieten wollen, komme
ihm ebenso verderblich vor, wie die Herstellung
lediglich der alten Staatsformen nach einer Re=
volution. — Will nun aber Niebuhr k e i n e Lehr=
verpflichtung? Gedenkt er, auf allen irgend
bestrittenen Lehrpunkten jedem nur überhaupt
christlichen Geistlichen freie Hand zu geben? Von
Jemandem, der kein Schwärmer ist und der
nicht etwa darauf ausgeht, die Kirche zu zer=
stören, steht nicht zu vermuthen, daß er der=
gleichen wollen werde. Von Niebuhr aber ist
das Gegentheil offenbar; denn für die katholische
Kirche vertritt er auf das Bestimmteste das Be=
dürfniß der Lehrverpflichtung und der Lehr=
aufsicht, lutherische Geistliche erklärt er aus=
drücklich für „gewissenlos", wenn sie ihren Schü=
lern nicht lutherische Lehre vortragen; und wenn
er die protestantische Geistlichkeit in Seminaren
erzogen wissen will, so denkt er sich eine solche
Erziehung augenscheinlich bedingt durch die Theo=
logie ihrer Kirche.

Es kommt aber in Betracht, wie er diese

Kirche sich vorstellt. Die Landeskirchen als landesobrigkeitliche Erziehungsanstalten hielt er für abgethan und nicht wiederherzustellen; und daß Harms eine solche Wiederherstellung anstrebte, macht er ihm zum Vorwurf. „Ich möchte die todte Kirche nicht einreißen", sagte er schon 1812,[37] „aber wenn sie fallen soll, wird es mich nicht beunruhigen .... Man wird wahrer und lauterer werden, wenn sich Alles ausscheidet, was nicht von Herzen zu einer der v i e l e n Gemeinden gehört, die sich dann bilden werden." Die Mannigfaltigkeit der Sectenbildung in England hält er[38] für ein Zeichen von christlicher Fruchtbarkeit des Bodens. Ein wirksamer äußerer Gottesdienst, meint er, könne nur dann erst entstehen, „wenn die aus der Asche wieder hervorgehende Kirche Zahl und Consistenz durch innere Bildung erhalten haben wird." Er will sie „auf Glauben und Ueberzeugung" gegründet wissen. Man solle[39] „in Einfalt des Herzens und in Uebereinstimmung mit Gleichgesinnten zu wahrem, fruchtbarem Glauben" streben; darin allein sei Heil.

Solchen, „die durch äußere Formeln die Kirche herstellen wollen", hält er die schon angeführte Stelle Augustins entgegen, in welcher vielmehr die Einzelgesinnung betont wird.

Das Zerfallen der Landeskirchen, die Neubildung von Gesinnungsgemeinden erkennt er also schon damals richtiger, als Viele. Innerhalb dieser Entwickelung aber, die er sich allerdings viel kürzer denkt, als sie ist, nimmt er für das Werdende Partei: Nicht bloß die unsichtbare Kirche, auch jede sichtbare ist ihm ein Gesinnungsverein, und die vorhandene Landeskirche hält er ebendeswegen für abgestorben, weil sie nach diesem Maße gemessen nicht bestehen kann. Er unterschätzt dabei vollkommen die große Bedeutung, welche auch während des Ueberganges noch der Landeskirche zukommt; wie er denn überhaupt sich mit den besonderen Uebergangsaufgaben nicht beschäftigt. Er unterschätzt oder schätzt überhaupt nicht die an und für sich ehrwürdige Idee der Landeskirche, und ist bitter ungerecht gegen Die, von welchen sie wider Angriffe persönlich

frommer Männer in den Zeiten der späteren
Orthodoxie und des beginnenden Pietismus ver=
theidigt wurde.[40] Zwar will er nicht eigentlich
das pietistische Wesen als solches in Schutz
nehmen. Hamann z. B. würde ihm, sagt er,
ohne dasselbe noch verehrungswürdiger sein, als
er es so ist;[41] und diejenige Gestalt, welche in
den zwanziger Jahren die christliche Erregung im
Wupperthale annahm, ist ihm zuwider. Aber
er sieht in Spener und dessen Nachfolgern doch
„die eigentliche Blüthe des Protestantismus":
ihnen fühlt er sich innerlich verwandt.[42]

Und so ist er denn auch persönlich bei Fürst
Hardenberg der Frömmelei, bei seinem alten
Freunde Voß des Katholisirens beschuldigt
worden.

Wenn er in Rom sich lutherischer als zuvor
fühlte, so geschah das wohl nicht allein im Gegen=
satze wider die Mängel des katholischen Kirchen=
wesens. Auch was der katholisch=kirchliche Welt=
mittelpunkt als solcher Imposantes zeigt läßt
den dort Lebenden kirchliche Bezüge so lebhaft

empfinden, daß wer für dergleichen ein Herz hat
sich um so mehr auch der eigenen kirchlichen
Zubehörigkeit bewußt wird. Für Niebuhr kamen
hierzu noch practische Anregungen.

Zuerst daß er einem inneren Zuge gemäß
von Anfang an unter den Künstlern mit den
christlich gerichteten verkehrte;[43] weil, sagt er,
„die, welche ganz fromm sind, und die, welche
nach Frömmigkeit streben, bei Weitem die Edleren
und Besseren, und auch die geistreicheren sind";
was ihm denn mancherlei Anlaß gab, Art und
Entwickelung ihres Glaubens zu beobachten:
„Mehrere unter ihnen sind sehr ernstlich gläubig,
obwohl mit ganz verschiedenen Abschattungen;
Andere sieht man, die die Religion gewiß zu
haben meinen, und denen man doch schwerlich
mehr als eine sich selbst betrügende Aneignung
zuschreiben darf." Einige unter diesen Künstlern
waren katholisch geboren, andere waren katholisch
geworden: „aber", bemerkt rücksichtlich der letz=
tern Niebuhr, „so traurig auch die Unvernunft
ist, zur katholischen Religion überzugehen, so er=

5

klärt sie sich an unsern jungen Freunden doch
auf eine Weise, die ihnen durchaus keine Schande
macht: wohl aber zeigt sie wie gänzlich viele
protestantische Geistliche von allem Positiven und
vom Gewissen abgewichen sind: denn hätten
diese als Lehrer ihrer Jugend ihnen Das ange=
boten, was die Lehre Luthers war, so hätten sie
sich gewiß nicht so verirrt. Weil sie aber in Dem,
was in ihrer Heimath als Religion galt, Das
vermissen, ohne welches sie ein leerer Ballast ist,
und es hier den Worten nach fanden, so ließen
sie sich verführen." So sehr es Niebuhr indeß
verzeihlich finden mochte, wenn solch ein irren=
des Gemüth sich aus der Oede des Ratio=
nalismus in die katholische Kirche zu retten ver=
suchte, so sah er es doch immer als einen falschen
Weg der Rettung und als ein großes Unglück
an; und hielt es für seine Pflicht, noch Unver=
führte vor diesem Unglück zu bewahren. Er ging
aus diesem Grunde nicht nur persönlich auf
theologische Studien ein,[41] mehr — sagt er —
als seine deutschen Freunde denken könnten,

sondern vor Allem empfand er, daß für die in Rom zerstreuten deutschen Protestanten es kirchlicher Fürsorge bedürfe. Die kurz vor jener Zeit dort eingerichtete englische Capelle genügte ihm hierzu nicht. Er bat daher im Jahre 1818 den König um Anstellung eines preußischen Gesandtschaftspredigers:¹⁵ „Die Sache ist so dringend", schreibt er darüber nach Hause, „daß wenn man sie abwiese, ich mein Möglichstes thun würde, mit den größten Aufopferungen" den Geistlichen „auf eigene Kosten herzuziehen."

Und nicht bloß auf seine jungen schutzbefohlenen Freunde kam es ihm dabei an, auch als Hausvater fühlte er das Bedürfniß seelsorgerischer Unterstützung.

Sobald sein erstes Kind geboren war, spricht er den Entschluß aus, den Knaben zu einem rechten Christen zu erziehen:¹⁶ womit im Anfange sein Wunsch, ihn auch ins Alterthum einzuführen, und Anderes an Erziehungsgrundsätzen sich eigenthümlich verbindet. „Ich werde ihm die alten Dichter", schreibt er, „so vorsagen und

5*

vorlesen, daß er die Götter und Heroen aller=
dings für historische Wesen nehme: aber daß
man ihm sage, die Alten hätten den wahren Gott
unvollkommen gekannt, und diese Götter seien
gestürzt, als Christus in die Welt gekommen sei.
Altes und Neues Testament soll er mit buchstäb=
lichem Glauben vernehmen, und fester Glaube
an Alles, was mir ungewiß oder verloren ist,
soll von Kindesbeinen in ihm gehegt werden.“
Als der Knabe nach englischem Ritus getauft
wurde, und Niebuhr dabei, indem er die Pathen
vertrat, in des Täuflings Namen zu bekennen
und zu geloben gehabt hatte, schreibt er: „ich
war tief bewegt, und habe aus vollem Herzen
für das Kind versprochen.“ Ein anderes Mal:
er wolle ihm festen Glauben an eine individuelle
Vorsehung „lebendig einpflanzen; und Dies und
Aehnliches zu thun sollte Jeder in seinem Kreise
trachten, dem es am Herzen liegt, daß wieder
Frömmigkeit in der Welt Wurzel fasse.“ „Viel
liegt an der ganzen Beschaffenheit des Ideen=
kreises. Wird die Masse Dessen, was zum Ver=

lehr gehört, zu groß, so entsteht Oberflächlichkeit
und Anmaßung, denen unmittelbar der Verfall
folgt. Es giebt gar keine einfache und uner=
schütterliche Ueberzeugungen mehr", u. s. w.
„Je verworrener aber die Welt ist, um so mehr
bedarf es der Erziehung. In einer alternden
und welken Zeit muß dem Kinde eine einfache
Ideenwelt geschaffen werden, worin es klar und
fest erwachse."

So fühlte Niebuhr durch den Besitz eines
und dann mehrerer Kinder sich einer Aufgabe
gegenüber, welcher er doch sich selbst nicht zur
Genüge gewachsen fand:[47] „Was Du sagst,
daß mir fehlt, wohl weiß und fühle ich, daß
dem so ist. Was ich darin dem Kinde nicht
geben kann, versäume ich wenigstens nicht aus
Verkennen seines Werthes, sondern weil man
unmöglich lebendig geben kann, worin man nur
vermag sich hineinzudenken. Soweit dies reichen
will, werde ich ihm einen lebendigen historischen
Glauben vom Uebersinnlichen, so einfältig und
positiv als nur möglich, zu gründen suchen."

„Was Glaube ist, der den Namen verdient, weiß ich wohl, und erkenne ihn als das höchste Gut. Aber für mich wäre er nur durch übernatürliche Mittheilung, durch erfahrene Wunder und Zeichen möglich; und ein ganz Anderes ist ehren und nicht verwerfen, ein ganz Anderes wahrhaft wie sein eigenes Dasein glauben." Fühlte solchergestalt Niebuhr seine Schwäche, so fand er sich um so mehr an die Lehrthätigkeit der Kirche gewiesen: und wie ganz verschieden stand diesen einfachen, fest überlieferten und schlicht übernommenen Wahrheiten gegenüber jetzt der Hausvater Niebuhr, als ehemals zu Edinburgh sich der Jüngling dazu gestellt hatte. — Es ist im Uebrigen natürlich, daß ein sittlich-ernstes Gemüth Dinge der Art durch Erzieherpflichten, die ihm obliegen, richtiger schätzen lernt. Wer Kinder hat, der fühlt sich deutlicher nur als ein Glied in der Kette der einander folgenden Geschlechter, und wer seine von Gott ihm gestellten Elternaufgaben ansieht, dem tritt das im Wechsel der Geschichte Bleibende, es treten ihm die ewigen Institutionen,

die ewigen Gedanken Gottes deutlicher als vor=
her hervor; und so erkennt er und anerkennt die=
jenigen Mächte, durch welche in der That und
Wahrheit die Welt regiert wird. Wie Niebuhr
daher auch auf anderen Punkten der Zucht ge=
denkt, in welcher Eltern als solche stehen, so ver=
halfen ihm seine Kinder auch dazu, deutlicher als
zuvor zu erkennen, daß eine gesunde Erziehung
der Seele anders nicht als an der kirchlich über=
lieferten christlichen Wahrheit sich entwickeln kann.
In diesem Sinne sah er in der Anstellung eines
römischen Gesandtschaftspredigers durch die preu=
ßische Regierung auch „für seine Kinder ein Glück.“
„Ich wünsche sehnlichst“, sagt er damit in Ver=
bindung, „daß Marcus recht von Herzen und
aus dem Herzen fromm werde. Ich kann ihm
diese Frömmigkeit nicht geben, aber den Geist=
lichen unterstützen kann und will ich. Sein Herz
soll zu Gott erhoben werden, sobald es einer
Ahnung fähig ist, und seine kindlichen Gefühle
sollen Gebete und Gesänge aussprechen. Alles,
was in unserem Zeitalter darin außer Gebrauch

gekommen ist, soll ihm unentbehrlich und Gesetz werden."

Der von der Regierung ausersehene erste Gesandtschaftsprediger — der nachmals in weiten Kreisen wohlbekannte Schmieder, später eine ehrwürdige Zierde von Wittenberg — reiste um Pfingsten 1819 nach Rom ab, und am 27. Junius des Jahres wurde in Niebuhrs Wohnung der erste deutschprotestantische Gottesdienst daselbst gehalten: „recht in Gottes Namen", schreibt Niebuhr. Er hoffte, unter Schmieders Leitung, das beste Gedeihen: „ich habe wohl immer gewußt, wie der rechte Geistliche sein muß, der in unsern Tagen einer Kirche nachhelfen und ihr neues Leben geben sollte; aber ich hatte, ehe ich Schmieder kennen lernte, keinen gesehen. Ich kann nicht aussprechen, wie wir ihn alle lieben und verehren." In Erscheinung, Benehmen, Einfachheit, Anspruchlosigkeit und was sich sonst Derartiges rühmen lasse, sei er musterhaft. Die Hauptsache aber bleibe, „daß er von Allem tief und ganz überzeugt ist, was er als Geistlicher bekennt.

Er ist rechtgläubig, ohne Polemik zu zeigen",
weil er im rechten Glauben „die einfach sichere
Wahrheit sieht, und auf ihre Kraft baut." „Mir
ist wohler ums Herz, seit er hier ist." „Er ge=
hört zu Denen, die man gleich kennen lernt, wie
sie sind; eine größere Reinheit und Harmonie in
einer Seele ist mir nicht vorgekommen. Es herrscht
in ihm ein wahrer Friede Gottes."

Wer den Segen der evangelischen Predigt
auf dem Capitol erfahren hat, der wird Niebuhr
Dank wissen, daß er für ihre Stiftung sorgte.
Aber noch wichtiger für die evangelische Kirche
ist, was er bei seiner römischen Concordatsver=
handlung mittelbar für sie erreicht hat.

Denn wenn in neuerer Zeit zwar immer noch
zögernd, aber doch von Jahr zu Jahr entschie=
dener erkannt wird, daß die Kirche, wie sie eine
eigene Seele hat, so auch eines eigenen Körpers
bedürfe, daß sie vom Staate nicht bloß in ihrer
innern Selbständigkeit, sondern auch in äußerer
Individualität geachtet werden muß, so hat zwar
nicht etwa Niebuhr das geradezu erstrebt, oder

seinerseits gemacht, aber er hat, durch sein christ=
liches und sein kirchliches Verständniß geleitet,
sehr wesentlich dazu geholfen.

———

Nachdem er seine römische Mission glücklich
beendet hatte, kehrte er im Sommer 1823 nach
Deutschland zurück, ließ sich in Bonn nieder,
und hat dort noch etwas länger als sieben Jahre
in freier Verbindung mit der Universität als
Gelehrter gearbeitet. Am 2. Januar 1831 starb
er. Er ist wenige Monate über sechsundfunfzig
Jahre alt geworden.

Mehr, als in seinen früheren Verhältnissen
ihm möglich gewesen war, konnte er in Bonn
die Pflichten eines christlichen Hausvaters erfül=
len: er richtete sein Hauswesen so ein, daß es
von aufrichtiger Ehrfurcht vor Christenthum und
Kirche beherrscht war. Niebuhr, wie seine Frau,
nahmen regelmäßig Theil am öffentlichen evan=
gelischen Gottesdienste, namentlich wenn Nitzsch
predigte fehlten sie nie. [18] In der Kindererzie=

hung, strebten sie auszuführen, was zu Rom be-
gonnen war. Bei der Leitung namentlich seines
Knaben hielt der Vater [49] fortwährend als den
Hauptgesichtspunkt im Auge, „daß er unbedingt
gläubig erwachse." Wenn er hinzufügt: „aber
so, daß ihm der Glaube nicht angeklebt sei, und
nachher abfallen müsse, wenn seine Vernunft
thätig wird, sondern so, daß die Vereinigung
der Vernunft und des Glaubens von frühestem
Anfange an vorbereitet werde", so ist das bei
Niebuhr nicht mißzuverstehen. Er ist kein Freund
der damals sogenannten Vernunfttheologie, und
will, daß der Vernunft von Anfang an ihr richtiges Gebiet und ihre Grenzen angewiesen werden sollen, der Glaube seines Kindes aber keinerlei selbsttäuscherischer Schein, sondern dessen
innerlichst erworbenes Eigenthum werde. Diese
elterliche Sorgfalt trat auch sonst hervor. So
brachten stets Vater oder Mutter, und wenn
keine Gäste da waren beide die Kinder Abends
zu Bett und beteten mit ihnen. Schon aus
Rom [50] schreibt Niebuhr: „es würde Dich rühren,

wenn Du das liebe Kind Abends aus dem Her=
zen beten hörtest, und seinen in Liebe und Freude
verlebten Tag in Liebe und Sammlung schließen;"
und später einmal aus Berlin seiner Frau: „was
Du vom Gebet der Kinder schreibst, fällt mir
unaufhörlich wieder ein. Ja laß sie beten und
fromm werden"! — Und nicht bloß die Kinder,
auch die Dienenden trugen Niebuhr und seine
Frau auf ihrem hausväterlichen Herzen. Sie
wurden sorgfältig zum Kirchenbesuch angehalten,
und da sie zum größeren Theile katholisch waren,
so wurden auch sonst, z. B. in Einrichtung des
Tisches an katholischen Fasttagen, ihre kirchlichen
Pflichten berücksichtigt.

Oeffentlichen Antheil an kirchlichen Dingen
nahm Niebuhr staatsmännisch oder schriftstellerisch
nicht mehr. Auch geschah wenigstens auf pro=
testantischer Seite in jenen Jahren Nichts, das
ihn veranlaßt hätte, das Wort darüber zu er=
greifen. Ueber den Gesenius' Theologie betreffenden hallischen Streit, dessen Anfänge er noch
erlebte, meint [51] er: wenn er Minister wäre,

würde er durch denselben in peinliche Verlegen=
heit" gerathen. Einer Beschränkung der acade=
mischen Lehrfreiheit war er zwar zuwider, „aber
von einem Spaße über Das, was Apostel und
Fromme als göttlich betrachtet haben" — es
handelte sich um einen mit Scherzreden gewürz=
ten Angriff auf das Buch Daniel —, „wende
ich mich mit Unwillen ab."

Das Sich=Zusammenfassen der katholischen
Kirche zu neuem Angriff auf die evangelische
verfolgte Niebuhr mit Einsicht und mit prophe=
tischem Blicke;[52] so vollkommen er gegen Katho=
liken persönlich tolerant war.

Mit der heiligen Schrift war er sehr genau
bekannt, und nicht bloß mit dem Neuen, son=
dern auch mit dem Alten Testamente. Zu letz=
terem hielt er, dem damaligen Stande alttesta=
mentlicher Studien entsprechend, den aus frühester
Jugend ihm übererbten historisch=kritischen Stand=
punkt fest.[53] Denn seines Vaters arabische
Reise, deren Erinnerungen auf seine Jugend=
bildung von großem Einfluß gewesen sind, war

zu einem wesentlichen Theile gerade aus dem rationalistischen Interesse hervorgegangen, Mittel zu menschlicher Erklärung der heiligen Bücher zu finden. Johann David Michaelis in Göttingen hatte in dieser Beziehung die Instruction der Reisenden verfaßt. Niebuhr sagt einmal, er trage Scheu, seine altestamentlichen Ansichten öffentlich auszusprechen, da sich Männer daran ärgern würden, die er nicht ärgern wolle, und „was noch schlimmer ist, es würde Andern gefallen." „Mein Glaube aber könnte weit fester und lebendiger sein, als es nun, nach den Schicksalen meines Geistes, hinieden möglich ist, und doch könnte dieselbe kritische Ansicht daneben bestehen." — In Betreff des Neuen Testamentes [54] verlangt er, wie wir gesehen haben, von jedem protestantischen Christen buchstäblichen Glauben als an geoffenbartes Wort Gottes: wenn er seinen Gebrauch „als eines Handbuches für alle Fälle des Lebens", wie Hamann ihn pietistisch geübt habe, auch nicht billigt. Auch bei Anderen findet sich damals eine grundver-

schiedene Stellung zum Alten und zum Neuen
Testamente: z. B. bei Schleiermacher.

Und wie mit der Bibel, zu deren eingehendem
Studium er im Laufe seines Lebens immer
wieder und wieder zurückkehrte, so war er auch
mit dem Liederschatze unserer Kirche genauer,
als viele Andere vertraut; und sorgte dafür,
daß auch seine Kinder sich darin einleben soll=
ten.⁵⁵ Er war ein entschiedener Gegner der
rationalistischen Verstümmelung der Kirchenlieder.
Vorzüglich lieb unter den protestantischen Lieder=
dichtern hatte er Paul Gerhard.

Seine Vorlesungen an der Universität be=
trafen meistens die Kunde des Alterthums; im
Sommer 1829 aber las er auch über Geschichte
des Revolutionszeitalters, „wie in dem Kreise
einer ihm angehörigen Familie", sagt er, „er=
zählend", was größtentheils schon in die Zeit=
seines eigenen bewußten Mitlebens gefallen
war. Diese Vorträge⁵⁶ sind uns nur in un=
vollkommener Form erhalten, aber es ist ein
Schatz nicht allein historischer Ueberlieferung,

sondern ethischer und politischer Weisheit darin. Gegen die Staatstheorie vom Socialvertrage führt Niebuhr hier aus, daß „der Mensch von Natur für den Staat bestimmt, und die Idee des Staates eine göttliche" sei. „Er ist eine von Gott geordnete Institution, die zum Wesen des Menschen nothwendig gehört, wie die Ehe und das väterliche Verhältniß." Die Regierung sei demgemäß eine „selbständige Gewalt von Gott." Bezeichnend ist, daß er Napoleons römischem Concordate besonders deswegen eine große politische Bedeutung zuerkennt, weil es, dem vorhergegangenen revolutionären Regimente gegenüber „den großen Schritt zu einer Regierung" enthalte, „die auf eine Religion gestützt ist." — Auch in seinen das Alterthum betreffenden Vorlesungen, von welchen die Mehrzahl jetzt gleichfalls gedruckt vorliegt, läßt er, neben der gelehrten Ueberlieferung des Stoffes, allenthalben die sittlichen Momente der Entwickelung in den Vordergrund treten. Man verliert keinen Augenblick das deutliche Bewußtsein, daß sie es sind,

woburch bie Geschichte bewegt, unb ben Gegen=
stänben ber gelehrten Ueberlieferung bas eigent=
liche Interesse verliehen wirb. Aber wichtiger
noch war Niebuhrs persönlicher Einbruck als
Lehrer. Wie ber Mensch, ober boch ber Christ
sein ganzes Leben als einen Gottesbienst leben
soll, so trieb er wenigstens sein gelehrtes Forschen
unb Lehren als einen Gottesbienst. Einer seiner
Bonner Zuhörer sprach bie Wirkung, welche
Dies auf seine Schüler hervorbrachte, bahin
aus: man habe keine Stunbe bei Niebuhr hören
können, ohne bas Gefühl, besser baburch geworben
zu sein.

Wir besitzen einen benkwürbigen Brief[67]
von ihm, in welchem er einem jungen Freunbe
über bessen philologisches Stubium Rath giebt.
„Wenbe bich", sagt er barin, „zu ben Werken
bes Alterthums bie bas Herz erheben, in benen
Du große Menschen unb große Schicksale siehst,
unb in einer höhern Welt lebst; wenbe Dich ab
von benen, welche bie verächtliche unb niebere
Seite gemeiner Verhältnisse unb gesunkener Zeiten

darstellen. .... Homer, Aeschylus, Sophocles,
Pindar ... sind die Dichter des Jünglings ...,
welche, so lange Litteratur die Welt erleuchtet,
die jugendlich mit ihnen erfüllte Seele fürs
Leben veredeln werden. ... Zu diesen Dichtern
und unter den Prosaikern zu Herodot, Thucy=
dides, Demosthenes, Plutarch, Cicero, Livius,
Cäsar, Sallust, Tacitus ... bitte ich Dich, ...
Dich zu wenden, Dich ausschließlich an sie zu
halten. Lies sie nicht, um ästhetische Reflexionen
über sie zu machen, sondern um Dich in sie
hineinzulesen, und Deine Seele mit ihren Ge=
danken zu erfüllen, um durch die Lectüre zu
gewinnen, wie Du durch das ehrerbietige Zu=
hören bei der Rede großer Männer gewinnen
würdest. Das ist Philologie, die der Seele Heil
bringt; und gelehrte Untersuchungen, wenn man
dahin gekommen ist, sie zu machen, bleiben immer
das Niedere.“

Große Gedanken und ein reines Herz, sagt
der Dichter, sind die edelste Gabe Gottes an
den Menschen. Es ist auch kein Widerspruch,

die Seele mit den großen Gedanken des Alter=
thums nähren, und ein Christ sein. Wer das
Alterthum studirt, wie Niebuhr es will, der
braucht kein Vergötterer des Geschöpfes zu wer=
den, sondern mag Reinigung und Heiligung
wohl suchen, wo allein sie zu finden ist. Daß
es nicht die classische Bildung ist, welche so viele
classisch Gebildete dem Christenthum entfremdet,
davon ist Niebuhr, dieser „unversiegliche Quell
classischer Gelehrsamkeit", wie er einmal von
Stein genannt wird, das lebendige Beispiel.

„Das Schwerste bleibt doch", hatte er schon
einmal von Rom geschrieben, „in Demuth wan=
deln und sich selbst zu behandeln."⁵⁸ Jetzt
schrieb er an Perthes:⁵⁹ „Ich glaube, eine jede
Moral, die einen heidnischen oder christlichen
Hochmuth giebt, daß man sich für privilegirt
hält, macht gleich schlecht." Aber von Rom aus
hatte er, als Krankheit seiner Kinder ihn nieder=
drückte, noch gesagt:⁶⁰ „bei solchen Schicksalen
muß der Glaube an eine individuelle Vorsehung
sehr einfach und frei von allem Grübeln gehal=

ten werden, um zu trösten", und später bei
Gelegenheit einer schwebenden Frage, „es steht
in des Schicksals Hand, Du siehst, daß ich nicht
ungestüm, nicht einmal bestimmt gefordert habe,
um dem Schicksal nicht vorzugreifen." Jetzt[61]
schreibt er, als seine Frau ihm den Tod eines
lieben Kindes nach Berlin meldet: „so wollen
wir dies Unglück denn auch als einen Segen
von Gottes Hand hinnehmen." Und als ihm,
ein Jahr vor seinem Tode, das Haus[62] abge-
brannt und vieles anscheinend Unersetzliche dabei
verloren war: „es wird sich herstellen lassen mit
Gottes Hülfe, und Er wird sie mir nicht ver-
sagen, da ich die Züchtigung von Seiner Hand
mit dem Gefühle, sie verdient zu haben, an-
nehme."

Wenn Das ein Mann sagt, der von Haus
aus gläubige Familientraditionen nicht hat, der
nicht durch sein Amt in den Glauben hineiner-
zogen ist, der in solchen Aeußerungen nicht mit
dem Strome der Zeit, sondern gegen die brei-
teste Zeitströmung angeht, so kann es mit Dem,

was er selbst wohl einmal sein Heidenthum[63]
nennt, so schlimm nicht bestellt sein. Man
braucht, um das zu sehen, ihn nur mit Wilhelm
Humboldt zu vergleichen, mit dem er in seinen
Lebensführungen manches Aehnliche hat. Beide
sind aus wenig christlicher Schule; beide durch
philosophisch=historische Gelehrsamkeit groß, und
so, daß sie nicht bloß das Gebiet des Humanis=
mus beherrschten, sondern sich auch mit der
edelsten Humanität durchdrungen hatten; beide
haben mit dieser Gelehrtenstellung eine staats=
männische Laufbahn erfolgreich vereinigt, beide
lebten dabei Jahre lang von Deutschland abge=
schieden mit heranwachsender Familie in Rom.
Es ließen sich noch mehr Parallelen finden.
Und doch welcher Unterschied zwischen dem
Einen, von welchem sein Biograph erzählt, er
sei in christlichen Dingen der Meinung jenes
mediceischen Papstes gewesen, der die „Fabel
von Christo" nützlich fand, und dem Anderen,
welcher bekennt, daß er im Christenglauben
das höchste und herrlichste Gut erkenne, und

sich seines Vollbesitzes zu rühmen nur nicht
wagt.

Nicht wagt aus Gewissenhaftigkeit, weil er
den hohen Namen eines Christen nicht mißbrauchen
möchte. Wie er das thut, ist es nicht Recht;
denn schwacher Glaube ist auch Glaube. Auch
sonst ist gewiß, daß am Maße der Correctheit
gemessen Niebuhrs christliche Gedanken Aus=
stellungen zulassen: er ist nicht frei davon, dem
natürlichen Menschen mehr, als ihm zukommt,
beizulegen,[64] und er betont so sehr den nur
historischen Glauben, daß man in der einen, wie
in der anderen Hinsicht ihm vorwerfen könnte,
was die evangelische Kirche darin der römisch=
katholischen vorwirft. Auch ist, wie er es aus=
spricht, seine Stellung zum Christenthume sub=
jectivistisch und in manchen Dingen schwankend.
Aber trotz alledem: wer wollte sagen, daß er
nicht von Herzen ein Christ sei. — Luther, meint
er einmal, würde seinen Glauben nicht aner=
kennen. Allerdings nicht als kirchliche Norm,
gewiß aber als persönlichen Christenglauben.

„Ein Christ ist im Werden", sagt Luther, „nicht
im Wordensein. Wer derohalben ein Christ
ist, der ist kein Christ, d. i. wer sich dünken
läßt, er sei schon ein Christ geworden, da er nur
ein Christ werden soll, der ist Nichts." Solch
ein Christ im Werben war Niebuhr. Er hat
auch seinen Glauben zu bekennen nicht versäumt,
und unter Gottes Segen hat sein Bekenntniß
der Kirche dienen können. Das muß sie ihm
Dank wissen.

Er gehörte zu jenen vorzugsweise betrach=
tenden Naturen, die ohne persönliche und Partei=
zwecke und in allen Dingen nur nach Wahrheit
und Gerechtigkeit suchend den Parteimännern
umständlich und unpractisch erscheinen. Miß=
fallen solcher Männer ist ihm daher von rechts
und links, nicht nur solange er lebte, sondern
auch nach seinem Tode reichlich widerfahren;
und was er an Schwächen und Fehlern wirk=
lich hatte, davon ist ihm nicht leicht Etwas nach=
gesehen worden. Aber seinen Charakter haben
auch seine Gegner anerkennen müssen. Wie er

es in seiner Jugend war, so blieb er im Alter
eine von den sittlich leuchtenden Persönlichkeiten,
deren ganzes Wesen Redlichkeit ist, und durch
deren Berührung das ihnen Verwandte veredelt
wird. Stein[65] urtheilt von ihm, daß er selten
Jemand gefunden habe, „der so unbedingt Vertrauen einflöße, und ihm entspreche."

So wollen wir denn seiner nicht vergessen,
wenn wir der großen und g u t e n deutschen
Männer gedenken.

Anmerkungen.

1 Aus Schleiermachers Leben IV. 187.

2 Niebuhr's Vorlesungen über die Geschichte des Revolutionszeitalters L 39.

3 Lebensnachrichten über B. G. Niebuhr L S. 11. 15 f.

4 In einem nicht gedruckten Briefe an seine Braut Louise Mejer, Nov. 1782

5 Lebensnachr. II. 150 (1820).

6 Lebensnachr. L 17, III. 52, 166. Vorrede zur Römischen Geschichte.

7 Lebensnachr. II. 346.

8 Denkschrift auf Nicolovius (Bonn 1811) S. 104.

9 Lebensnachrichten L 43, 47, 60. 62, (1794). 148.

10 Lebensnachr. L 26, 146, 244, ff. und öfter. Ueber Stolberg insbesondere L 285. 408, 469. 581, II. 108. 112. 123. III. 166, 179.

11 Lebensnachrichten L 223. vgl. 134. 156.

12 Lebensnachrichten L 209. 215. 219. 234 ff.

13 Lebensnachrichten II. 42, 62, 66, 69. L 396.

14 September 1800. Lebensnachr. L 285.

15 Lebensnachrichten II. 391. Circularbriefe aus Hol=
land 164 ff.

16 Vgl. auch Lebensnachrichten II. 71.

17 Lebensnachr. II. 42. 73. Vgl. 62. 66. 69. I, 396.

18 Lebensnachr. II. 61.

19 Lebensnachrichten I. 417. 425 f. II. 98.

20 Lebensnachr. I. 469 fg.

21 Ueber die Reformatoren vgl. Lebensnachrichten I. 481.
II. 315. 315.

22 Es ist von Interesse, in dieser Hinsicht zu verglei=
chen: Lebensnachrichten I. 238. 358. 395 f. 402. 410. 543.
516. 569 f. 577. 585. 590. II. 62. 139. 167 f. u. s. w. S.
auch I. 502.

23 Lebensnachr. II. 202. 208.

24 Lebensnachr. II. 134.

25 Vgl. über Goethes Besprechung der Sacramente Le=
bensnachrichten II. 101., und über den St. Martinismus
Revolutionsgeschichte I. 157 f. S. auch oben S. 57.

26 Lebensnachr. II. 144. 152.

27 Lebensnachrichten II. 364. 366 f. 383.

28 Lebensnachr. III. 46.

29 Lebensnachr. II. 255. 260. 361.

30 Lebensnachr. II. 269. 326.

31 Aus den Acten des K. Preußischen auswärtigen Mi=
nisteriums: Octob. 1819. Vgl Lebensnachr. II. 150. 152 f.
416 f. u. v.

32 Auch bei einer späteren Gelegenheit spricht Niebuhr
sich gegen Trennung der Schule von der Kirche aus. Le=
bensnachr. III. 64.

33 Lebensnachrichten I. 285. 170 f. II. 71. 315. 328. III. 59.

34 Lebensnachr. II. 339 f. 344 f. 352 f. 361. 413.

35 Lieber, Erinnerungen an Niebuhr S. 171.

36 Lebensnachr. II. 483.

37 Lebensnachr. L 471 f. Vgl. oben Seite 31.

38 Lebensnachr. II. 122. Revolutionsgesch. L 87.

39 Lebensnachr. II. 346. 483.

40 Lebensnachr. L 473. 512.

41 Lebensnachr. II. 481 f. vgl. 480. 228.

42 Lebensnachr. II. 239. 479 f. III. 167. Revolutions-gesch. L 76 f.

43 Lebensnachr. II. 108. 260. 263. 314 f. 354. 449 f.

44 Lebensnachr. II. 346.

45 Lebensnachrichten II. 318. 367. 377. 406 f. 414 f.

46 Lebensnachrichten II. 303. 308 f. 310. 319.

47 Lebensnachrichten II. 312. 313.

48 Ueber ihn f. Aeußerungen Niebuhrs in den Lebens-nachr. III. 55. 63.

49 Lebensnachrichten III. 65.

50 Lebensnachrichten II. 498. III. 107. 115.

51 Lebensnachr. III. 258.

52 Lebensnachrichten III. 166. 169. 171. 179. 205. Vgl. 59 u. 63.

53 Lebensnachr. L 470. II. 324. 329. III. 231.

54 Lebensnachrichten II. 340. 482.

55 Lebensnachrichten III. 113. 115. Vgl. 68 und Revo-lutionsgesch. L 69.

56 Geschichte des Revolutionszeitalters L 214 f. II. 167. 195.

57 Lebensnachr. II. 349 f. Vgl. 209 f. 230.
58 Lebensnachrichten II. 341.
59 Daselbst III. 163.
60 Lebensnachrichten II. 364. 428. 451.
61 Lebensnachr. III. 87.
62 Lebensnachr. III. 250. vgl. 253.
63 Lebensnachrichten II. 209 f. 230. 349 f.
64 Vgl. z. B. Lebensnachrichten I. 192. II. 339. 485.
65 Pertz, Leben Steins V. 561.

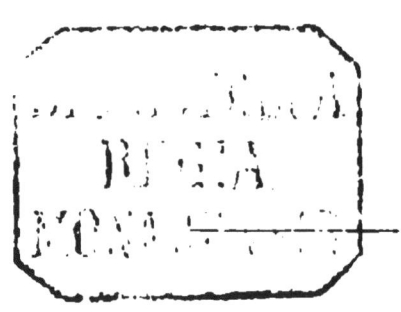

Druck von J. B. Hirschfeld in Leipzig.